EMPATIA

Coleção Inteligência Emocional

EMPATIA

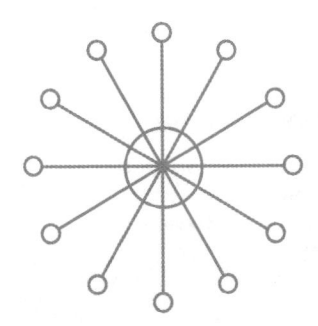

SEXTANTE

Título original: *Empathy* [HBR Emotional Intelligence Series]
Copyright © 2017 por Harvard Business School Publishing Corporation
Copyright da tradução © 2019 por GMT Editores Ltda.
Publicado mediante acordo com a Harvard Business Review Press.

Todos os direitos reservados. Nenhuma parte deste livro pode
ser utilizada ou reproduzida sob quaisquer meios existentes
sem autorização por escrito dos editores.

TRADUÇÃO: Rachel Agavino
PREPARO DE ORIGINAIS: Melissa Lopes
REVISÃO: Pedro Staite e Suelen Lopes
DIAGRAMAÇÃO: DTPhoenix Editorial
CAPA: Harvard Business Review Press
ADAPTAÇÃO DE CAPA: Gustavo Cardozo
IMPRESSÃO E ACABAMENTO: Cromosete Gráfica e Editora Ltda.

CIP-BRASIL. CATALOGAÇÃO NA PUBLICAÇÃO
SINDICATO NACIONAL DOS EDITORES DE LIVROS, RJ

E46 Empatia / Daniel Goleman... [et al.]; [Harvard Business Review];
tradução de Rachel Agavino. Rio de Janeiro: Sextante, 2019.
144 p.; 12 x 18 cm.
(Inteligência emocional: Harvard Business Review)

Tradução de: Empathy
ISBN 978-85-431-0854-4

1. Empatia. I. Goleman, Daniel. II. Agavino, Rachel. III. Série.

19-59182

CDD: 152.41
CDU: 159.942

Todos os direitos reservados, no Brasil, por
GMT Editores Ltda.
Rua Voluntários da Pátria, 45 – Gr. 1.404 – Botafogo
22270-000 – Rio de Janeiro – RJ
Tel.: (21) 2538-4100 – Fax: (21) 2286-9244
E-mail: atendimento@sextante.com.br
www.sextante.com.br

Sumário

1. **O que é empatia?**   9
   E por que ela é importante
   Daniel Goleman

2. **Por que a compaixão é uma tática gerencial melhor do que a agressividade**   21
   Uma reação agressiva destrói a lealdade e a confiança
   Emma Seppälä

3. **O que os bons ouvintes realmente fazem**   35
   Entendendo as emoções das outras pessoas
   Jack Zenger e Joseph Folkman

4. **A empatia é o segredo para uma reunião proveitosa**   47
   Entenda os conflitos no grupo
   Annie McKee

5. É mais difícil ser empático com as   57
pessoas se você já esteve no lugar delas
*Você precisa se esforçar mais para focar
as necessidades delas*
Rachel Ruttan, Mary-Hunter McDonnell
e Loran Nordgren

6. Quanto mais poder, menos empatia   67
Peça feedback para manter os pés no chão
Lou Solomon

7. Um processo para o design de   77
produto empático
Foque as pessoas
Jon Kolko

8. Como o Facebook usa a empatia   93
para manter os dados dos usuários
em segurança
Entenda as pessoas que você está protegendo
Melissa Luu-Van

9. Os limites da empatia   103
Ela pode ser exaustiva
Adam Waytz

10. **O que o Dalai Lama ensinou a Daniel Goleman sobre inteligência emocional** 123
   Além da empatia
   Uma entrevista com Daniel Goleman,
   feita por Andrea Ovans

1

O que é empatia?

E por que ela é importante

Daniel Goleman

A palavra "atenção" vem do latim *attendere*, que significa "voltar-se para algo". Tem tudo a ver com focar os outros, que é o fundamento da empatia e da habilidade de construir relações sociais – o segundo e o terceiro pilares da inteligência emocional (o primeiro é a autoconsciência).

É fácil reconhecer os executivos que de fato têm o foco nos outros. São aqueles que encontram interesses comuns, cujas opiniões têm mais peso e com quem outras pessoas querem trabalhar. Eles emergem como líderes natos independentemente da hierarquia organizacional ou social.

A tríade da empatia

É muito comum falarmos de empatia como um atributo único. Mas, se examinarmos mais a fundo o que os líderes estão focando quando a demonstram, vamos encontrar três diferentes tipos de empatia, todos importantes para uma liderança eficiente:

- *Empatia cognitiva*: a habilidade de entender o ponto de vista de outra pessoa.
- *Empatia emocional*: a habilidade de sentir o que outra pessoa sente.
- *Interesse empático*: a habilidade de perceber o que outra pessoa quer de você.

A *empatia cognitiva* permite que os líderes se expliquem de forma a serem compreendidos – uma habilidade essencial para conseguir o melhor desempenho de seus subordinados diretos. Ao contrário do que se possa imaginar, ao exercerem a empatia cognitiva, os líderes devem *pensar* nos sentimentos, em vez de senti-los diretamente.

Uma natureza questionadora alimenta a empatia cognitiva. Como disse um executivo bem-sucedido que tinha essa característica: "Sempre quis aprender tudo, entender todo mundo que estivesse à minha volta – por que pensavam o que pensavam, por que faziam o que faziam, o que funcionava ou não para eles." Mas a empatia cognitiva também é uma consequência da autoconsciência. Os circuitos do cérebro que nos permitem refletir sobre nossos próprios pensamentos e monitorar os sentimentos que fluem deles nos permitem aplicar o mesmo raciocínio à mente de outras pessoas quando decidimos direcionar nossa atenção dessa forma.

A *empatia emocional* é importante para uma mentoria eficiente, para administrar clientes e entender as dinâmicas dos grupos. Ela vem de regiões antigas do cérebro sob o córtex – a amígdala, o hipotálamo, o hipocampo e o córtex orbitofrontal – que nos permitem sentir com rapidez sem um raciocínio profundo. Essas áreas despertam em nosso corpo os estados emocionais dos outros e nos sintonizam: eu literalmente sinto a sua dor. Meus padrões cerebrais se igualam aos seus quando escuto você contar uma história emocionante. Como afirma Tania Singer, diretora do departamento de neurociência social no Instituto Max Planck para a Ciência da Cognição e do Cérebro Humanos, em Leipzig, na Alemanha: "Você precisa entender os próprios sentimentos para então entender os sentimentos dos outros." Acessar a sua capacidade de ter empatia emocional depende da combinação de dois tipos de atenção: o foco deliberado em como os sentimentos de outra pessoa reverberam em você e a percepção do rosto, da voz e de outros sinais externos de emoção que a pessoa possa emitir. (Veja o quadro abaixo, "Quando a empatia precisa ser aprendida".)

QUANDO A EMPATIA PRECISA SER APRENDIDA

A empatia emocional pode ser desenvolvida. Essa é a conclusão do estudo que Helen Riess, diretora do Programa de Empatia e Ciência Relacional no Hospital Geral de Massachusetts, conduziu com médicos. Para ajudar esses profissionais a se monitorarem, Riess criou

(continua)

um programa no qual eles aprenderam a focar, usando respiração profunda e diafragmática, e a cultivar certo distanciamento – para observar uma interação de fora, tal como ela era, em vez de se perderem nos próprios pensamentos e sentimentos. "Suspender seu envolvimento para observar o que está acontecendo lhe dá uma consciência atenta da interação sem ser completamente reativo", diz Riess. "Você pode perceber se sua fisiologia está em equilíbrio ou sobrecarregada. Consegue notar o que está se revelando na situação." Se uma médica percebe que está se sentindo irritada, por exemplo, isso pode ser um sinal de que o paciente também está aborrecido.

Segundo Riess, aqueles que estão completamente desconectados do outro podem começar a desenvolver a empatia emocional basicamente fingindo até que a sintam de fato. Se você age de forma interessada, mostrando se importar – olhando as pessoas nos olhos e prestando atenção em suas expressões, mesmo quando lhe falta motivação para fazer isso –, vai começar a se sentir mais conectado.

Bastante relacionado à empatia emocional, o *interesse empático* lhe permite perceber não apenas como as pessoas se sentem, mas também o que elas querem de você. É o que você deseja encontrar no seu médico, no seu cônjuge – e no seu chefe. O interesse empático tem suas raízes no sistema que faz com que os pais dediquem sua atenção aos filhos. Observe para onde os olhos das pessoas se voltam quando alguém traz um bebê fofinho para uma sala e perceba esse centro cerebral mamífero entrando em ação.

Uma teoria neural afirma que a resposta é acionada na amígdala pelo radar cerebral que antecipa o perigo e no córtex pré-frontal pela liberação da oxitocina, o chamado hormônio do amor. Daí se conclui que o interesse empático é um sentimento de dois gumes. Intuitivamente experimentamos o sofrimento do outro como nosso. Mas, ao decidir se vamos atender às necessidades dessa pessoa, deliberadamente pesamos quanto valorizamos o seu bem-estar.

Adequar esse misto de intuição e deliberação traz profundas consequências. Aqueles cujos sentimentos empáticos se tornam muito fortes vivenciam grande sofrimento. Nas profissões de assistência ao próximo, isso pode levar à fadiga por compaixão; em executivos, pode gerar sentimentos perturbadores de ansiedade sobre as pessoas e circunstâncias que não se podem controlar. No entanto, aqueles que se protegem anestesiando seus sentimentos correm o risco de perder o contato com a empatia. O interesse empático requer que saibamos administrar o nosso sofrimento sem ignorar a dor do outro. (Veja o quadro abaixo, "Quando a empatia precisa ser controlada".)

QUANDO A EMPATIA PRECISA SER CONTROLADA

Conter nosso impulso de sermos empáticos com os sentimentos de outras pessoas pode nos ajudar a tomar decisões melhores quando a enxurrada emocional de alguém ameaça nos sobrepujar.

Normalmente, quando vemos alguém se espetar com um alfinete, nosso cérebro emite um sinal indicando que nosso centro de dor está ecoando esse sofrimento. Mas os médicos aprendem na faculdade a bloquear até mesmo essas respostas automáticas. Essa capacidade de se anestesiar parece estar de prontidão na junção

(continua)

temporoparietal e em regiões do córtex pré-frontal, um circuito que estimula a concentração por meio da desconexão das emoções. É isso que acontece no seu cérebro quando você se distancia dos outros a fim de se manter calmo e ajudá-los. A mesma rede neural entra em ação quando vemos um problema em um ambiente com emoções em ebulição e precisamos nos concentrar em procurar uma saída. Se você conversa com alguém que está chateado, esse sistema o ajuda a entender racionalmente o ponto de vista dessa pessoa mudando da empatia emocional (de coração para coração) para a empatia cognitiva (de razão para coração).

Além disso, alguns estudos laboratoriais sugerem que a aplicação adequada do interesse empático é essencial para fazer julgamentos morais. Exames de imagem cerebral revelaram que, quando voluntários ouviam histórias sobre indivíduos sendo submetidos a dor física, seus centros cerebrais responsáveis pela sensação dessa determinada dor se ativavam de imediato. Mas se a história fosse sobre sofrimento psicológico, os centros cerebrais mais elevados, envolvidos no interesse empático e na compaixão,

(continua)

levavam um período maior para serem ativados. É necessário algum tempo para se compreender as dimensões psicológica e moral de uma situação. Quanto mais distraídos estamos, menos conseguimos cultivar as formas sutis de empatia e compaixão.

DANIEL GOLEMAN é codiretor do Consórcio para Pesquisa sobre Inteligência Emocional em Organizações na Universidade Rutgers, coautor de *O poder da inteligência emocional – Como liderar com sensibilidade e eficiência* (Objetiva) e autor de *O cérebro e a inteligência emocional – Novas perspectivas*; *Foco – A atenção e seu papel fundamental para o sucesso*; *Liderança – A inteligência emocional na formação do líder de sucesso* (Objetiva); *A arte da meditação* (Sextante), entre outros livros.

Extraído de "The Focused Leader" (O líder focado),
adaptado da publicação de dezembro de 2013.

2

Por que a compaixão é uma tática gerencial melhor do que a agressividade

*Uma reação agressiva destrói
a lealdade e a confiança*

Emma Seppälä

James Doty, neurocirurgião da Universidade Stanford, conta a história de quando operou um tumor cerebral de um garotinho. No meio do procedimento, o residente que o assiste se distrai e acidentalmente punciona uma veia. Com sangue escorrendo por toda parte, Doty não consegue mais ver a delicada área cerebral na qual está trabalhando. A vida do menino está em risco. Doty não tem alternativa a não ser tatear às cegas a área afetada na esperança de localizar a veia e clampeá-la. Felizmente, a manobra é bem-sucedida.

Podemos não ser neurocirurgiões, mas certamente somos todos confrontados com situações em que um funcionário comete um erro grave, capaz de arruinar um projeto importantíssimo. A pergunta é: como devemos reagir quando um funcionário não tem um bom desempenho ou comete um erro?

A frustração, é claro, é a reação natural – e com a qual todos podemos nos identificar. Especialmente se o erro prejudica um projeto importante ou tem consequências ruins para nós.

A abordagem tradicional é repreender o funcionário de alguma forma, na esperança de que a punição seja benéfica: ela ensinará ao profissional uma lição. Expressar nossa frustração também pode nos aliviar do estresse e da raiva causados pelo equívoco. Por fim, pode ajudar o restante da equipe a ficar atento para evitar erros futuros.

Alguns gestores, no entanto, escolhem uma reação diferente quando precisam lidar com um funcionário com desempenho insatisfatório: lançam mão da compaixão e da curiosidade. Não que uma parte deles não se sinta frustrada ou exasperada – talvez ainda se preocupem com a maneira como os erros de seu colaborador os afetarão –, mas de alguma forma conseguem evitar o julgamento e talvez até sejam capazes de usar o momento para fazer um pouco de coaching.

Qual é a melhor estratégia segundo as pesquisas? A reação mais compassiva lhe trará resultados mais robustos.

Primeiro, a compaixão e a curiosidade aumentam a lealdade e a confiança da equipe. Pesquisas mostram que sentimentos de cordialidade e relações positivas no trabalho têm maior influência sobre a lealdade de um colaborador do que o valor que aparece em seu contracheque.[1] Em particular, um estudo de Jonathan Haidt, da Universidade de Nova York, revela que quanto mais os funcionários admiram e respeitam seus líderes e são comovidos pela compaixão ou pela bondade deles (um estado que ele chama de "exaltação"), mais leais se tornam.[2] Então, se você for mais compassivo com seu funcionário, não apenas ele será mais leal a você, mas qualquer outra pessoa que tenha testemunhado seu comportamento também poderá experimentar a exaltação e se sentir mais dedicada a você.

Por outro lado, reagir com raiva ou frustração corrói a lealdade. Adam Grant, professor da Wharton Business School e autor de *Originais*, aponta que, por causa da lei da reciprocidade, se você constranger ou culpar um funcionário com muita severidade, essa reação pode acabar se voltando contra você mesmo. "Da próxima vez que precisar contar com esse profissional, você poderá ter perdido parte da lealdade que havia antes", disse ele.

Somos especialmente sensíveis a sinais de confiabilidade em nossos líderes, e a compaixão aumenta nossa disposição para confiar.[3] Em termos simples, nosso cérebro responde mais positivamente a chefes que demonstraram empatia conosco, como confirma uma pesquisa de neuroimagem.[4] Funcionários que confiam no chefe, por sua vez, têm um desempenho melhor.[5]

Doty, que também é diretor do Centro para Pesquisa e Educação de Compaixão e Altruísmo da Universidade Stanford, relembra sua primeira experiência na sala de cirurgia. Ele estava tão nervoso que não parava de suar. De repente, uma gota de suor caiu no local da cirurgia e o contaminou. O procedimento era simples, e a vida do paciente não corria risco algum. Quanto à mesa cirúrgica, poderia ter sido facilmente higienizada. No entanto, o cirurgião que estava operando – um dos maiores nomes da cirurgia na época – ficou tão zangado que expulsou Doty do centro cirúrgico. Doty se lembra de voltar para casa chorando, arrasado.

Em uma entrevista, Doty explicou como o cirurgião teria ganhado sua lealdade incondicional se tivesse agido de forma diferente: "Em vez de ficar furioso, ele poderia ter dito algo como: 'Rapaz, veja o que acabou de acontecer: você contaminou a mesa. Sei que está nervoso, mas não pode ficar nervoso se quiser ser cirurgião. Por que não vai lá fora e tira alguns minutos para se recompor? Ajeite a sua touca de forma que o suor não escorra pelo seu rosto. Então volte e lhe mostrarei uma coisa.' Nesse caso, ele teria se tornado meu herói para sempre."

Além de erodir a lealdade e a confiança, uma reação destemperada também inibe a criatividade ao aumentar o nível de estresse do funcionário. Como explica Doty: "Um ambiente onde há medo, ansiedade e falta de confiança faz as pessoas se fecharem. Se elas têm medo e ansiedade, a neurociência diz que sua resposta à ameaça é acionada e seu controle cognitivo é afetado. Como consequência, sua produtividade e criatividade diminuem." Podemos confirmar isso por meio de estudos de imagens cerebrais: eles mostram que, quando nos sentimos seguros, a resposta de nosso cérebro ao estresse é menor.[6]

Grant também concorda que, "quando você reage expressando frustração e fúria, o funcionário se torna menos propenso a assumir riscos no futuro, porque se preocupa com as consequências negativas de cometer erros. Em outras palavras, você mata a cultura de experimentação, fundamental para a aprendizagem e a inovação". Grant se refere à pesquisa de Fiona Lee, da Universidade de Michigan, que mostra que promover uma cultura de segurança – em vez do medo de consequências negativas – ajuda a incentivar o espírito de experimentação que é tão essencial para a criatividade.[7]

É claro que há um motivo para sentirmos raiva. Pesquisas revelam que a raiva pode trazer resultados benéficos. Por exemplo, ela pode nos dar energia para enfrentar a injustiça.[8] Além disso, nos faz parecer mais poderosos.[9] No entanto, quando você expressa emoções negativas como a raiva, seus funcionários o veem de fato como menos eficiente.[10] Por outro lado, ser simpático e acolhedor – em vez de agir com agressividade – confere aos líderes uma vantagem distinta, como demonstrou Amy Cuddy, da Harvard Business School.[11]

Então, como reagir com mais compaixão na próxima vez que um funcionário cometer um erro grave?

1. Espere um pouco. Doty explica que a primeira coisa a fazer é entender suas próprias emoções – raiva, frustração ou quaisquer que sejam. "Você tem que dar um passo para trás e controlar sua reação emocional, porque, ao agir por impulso, você não aborda o problema de maneira consciente. Ao recuar e parar um instante para refletir, você entra em um estado mental que permite uma resposta mais ponderada, mais razoável e com mais discernimento." Praticar meditação pode ajudar a aprimorar sua autoconsciência e seu controle emocional.[12]

E não adianta simplesmente fingir que não está com raiva. Pesquisas mostram que esse tipo de fingimento na verdade aumenta tanto os seus batimentos cardíacos quanto os do seu funcionário.[13] Em vez disso, dê um tempo para esfriar a cabeça, a fim de visualizar a situação com mais distanciamento.

2. Coloque-se no lugar do seu funcionário. Dar um passo para trás o ajudará a sentir empatia por seu funcionário. Por que Doty, no momento quase trágico do residente no centro cirúrgico, foi capaz de reagir de forma produtiva e não com raiva? Por recordar sua primeira experiência em cirurgia, ele pôde se identificar e ter empatia com o residente. Isso permitiu que ele diminuísse sua frustração, evitasse humilhar o subordinado já apavorado e mantivesse a presença de espírito para salvar a vida de um menino.

A capacidade de mudar de perspectiva é valiosa. Estudos têm revelado que isso ajuda a ver aspectos da situação que você talvez ainda não tenha percebido e leva a resultados melhores em interações e negociações.[14] E como as posições de poder tendem a diminuir nossa inclinação natural à empatia, é particularmente importante que os gestores tenham autoconsciência para garantir que procurem sempre ver as situações do ponto de vista de seus funcionários.[15]

3. Perdoe. A empatia, é claro, ajuda você a perdoar. O perdão não só fortalece seu relacionamento com seu funcionário, promovendo a lealdade, como também é bom para você. Se guardar rancor é prejudicial para o coração (a pressão arterial e a frequência cardíaca aumentam), o perdão, por sua vez, diminui tanto a sua pressão arterial quanto a da pessoa que você está perdoando.[16] Outros estudos mostram que o perdão deixa você mais contente e mais satisfeito com a vida, reduzindo significativamente o estresse e as emoções negativas.[17]

Quando a confiança, a lealdade e a criatividade são altas e o estresse é baixo, os funcionários são mais felizes e produtivos, e a rotatividade é menor.[18] Interações positivas até tornam os funcionários mais saudáveis e reduzem os dias de ausência por doença.[19] Outros estudos demonstraram como a gestão compassiva leva a melhorias no atendimento e na satisfação do cliente.[20]

Doty me disse que nunca expulsou ninguém do seu centro cirúrgico. "Não é que eu deixe que eles se safem, mas optar por uma reação compassiva quando eles sabem que cometeram um erro faz com que não se sintam arrasados. Eles aprendem a lição e querem melhorar por você, porque você foi gentil com eles."

EMMA SEPPÄLÄ, ph.D., é diretora de ciências do Centro para Pesquisa e Educação de Compaixão e Altruísmo da Universidade Stanford e autora do livro *The Happiness Track*.

Também é fundadora da Fulfillment Daily. Siga-a no Twitter (@emmaseppala) ou visite seu site: www.emmaseppala.com.

Notas

1. "Britain's Workers Value Companionship and Recognition Over a Big Salary, a Recent Report Revealed", AAT press-release, 15 de julho de 2014, https://www.aat.org.uk/about-aat/press-releases/britains-workers-value-companionship-recognition-over-big-salary.
2. T. Qiu et al., "The Effect of Interactional Fairness on the Performance of Cross-Functional Product Development Teams: A Multilevel Mediated Model", *The Journal of Product Innovation Management* 26, nº 2 (março de 2009), pp. 173-187.
3. K. T. Dirks et al., "Trust in Leadership: Meta-Analytic Findings and Implications for Research and Practice", *Journal of Applied Psychology* 87, nº 4 (agosto de 2002), pp. 611–628.
4. R. Boyatzis et al., "Examination of the Neural Substrates Activated in Memories of Experiences with Resonant and Dissonant Leaders", *The Leadership Quarterly* 23, nº 2 (abril de 2012), pp. 259–272.
5. T. Bartram et al., "The Relationship between Leadership and Follower In-Role Performance and Satisfaction with the Leader: The Mediating Effects of Empowerment and Trust in the Leader", *Leadership & Organization Development Journal* 28, nº 1 (2007), pp. 4–19.
6. L. Norman et al., "Attachment-Security Priming Attenuates Amygdala Activation to Social and Linguistic Threat", *Social Cognitive and Affective Neuroscience*, Advance Access, 5 de novembro de 2014, http://scan.oxfordjournals.org/content/early/2014/11/05/scan.nsu127.

7. F. Lee et al., "The Mixed Effects of Inconsistency on Experimentation in Organizations", *Organization Science* 15, nº 3 (2004), pp. 310–326.
8. D. Lindebaum e P. J. Jordan, "When It Can Feel Good to Feel Bad and Bad to Feel Good: Exploring Asymmetries in Workplace Emotional Outcomes", *Human Relations*, 27 de agosto de 2014, http://hum.sagepub.com/content/early/2014/07/09/0018726714535824.full.
9. L. Z. Tiedens, "Anger and Advancement Versus Sadness and Subjugation: The Effect of Negative Emotion Expressions on Social Status Conferral", *Journal of Personality and Social Psychology* 80, nº 1 (janeiro de 2001), pp. 86–94.
10. K. M. Lewis, "When Leaders Display Emotion: How Followers Respond to Negative Emotional Expression of Male and Female Leaders", *Journal of Organizational Behavior* 21, nº 1 (março de 2000), pp. 221–234.
11. E. Seppälä, "The Hard Data on Being a Nice Boss", *Harvard Business Review*, 24 de novembro de 2014, https://hbr.org/2014/11/the-hard-data-on-being-a-nice-boss; e A. J. C. Cuddy et al., "Connect, Then Lead". *Harvard Business Review* (julho-agosto de 2013).
12. "Know Thyself: How Mindfulness Can Improve Self-Knowledge", Association for Psychological Science, 14 de março de 2013, http://www.psychologicalscience.org/index.php/news/releases/know-thyself-how-mindfulness-can-improve-self-knowledge.html.
13. E. Butler et al., "The Social Consequences of Expressive Suppression", *Emotion* 3, nº 1 (2013), pp. 48–67.
14. A. Galinsky, et al., "Why It Pays to Get Inside the Head of Your Opponent: The Differential Effects of Perspective Taking and Empathy in Negotiations", *Psychological Science* 19, nº 4 (abril de 2008), pp: 378–384.

15. L. Solomon, "Becoming Powerful Makes You Less Empathetic", *Harvard Business Review*, 21 de abril de 2015, https://hbr.org/2015/04/becoming-powerful-makes-you-less-empathetic.
16. P. A. Hannon et al., "The Soothing Effects of Forgiveness on Victims' and Perpetrators' Blood Pressure", *Personal Relationships* 19, nº 2 (junho de 2012), pp. 279-289.
17. G. Bono et al., "Forgiveness, Feeling Connected to Others, and Well-Being: Two Longitudinal Studies", *Personality and Social Psychology Bulletin* 34, nº 2 (fevereiro de 2008), pp. 182-195; e K. A. Lawler, "The Unique Effects of Forgiveness on Health: An Exploration of Pathways", *Journal of Behavioral Medicine* 28, nº 2 (abril de 2005), pp. 157-167.
18. American Psychological Association, "By the Numbers: A Psychologically Healthy Workplace Fact Sheet", *Good Company Newsletter*, 20 de novembro de 2013, http://www.apaexcellence.org/resources/goodcompany/newsletter/article/487.
19. E. D. Heaphy e J. E. Dutton, "Positive Social Interactions and the Human Body at Work: Linking Organizations and Physiology", *Academy of Management Review* 33, nº 1 (2008), pp. 137-162; e S. Azagba e M. Sharaf, "Psychosocial Working Conditions and the Utilization of Health Care Services", *BMC Public Health* 11, nº 642 (2011).
20. S. G. Barsdale e D. E. Gibson, "Why Does Affect Matter in Organizations?", *Academy of Management Perspectives* 21, nº 1 (fevereiro de 2007), pp. 36-59; e S. G. Barsdale e O. A. O'Neill, "What's Love Got to Do with It? A Longitudinal Study of the Culture of Companionate Love and Employee and Client Outcomes in the Long-Term Care Setting", *Administrative Science Quarterly* 59, nº 4 (dezembro de 2014), pp. 551-598.

Adaptado da publicação de 7 de maio de 2015.

3

O que os bons ouvintes realmente fazem

Entendendo as emoções das outras pessoas

Jack Zenger e Joseph Folkman

Provavelmente você se acha um bom ouvinte. A avaliação das pessoas sobre a própria capacidade de ouvir é muito parecida com a avaliação de suas habilidades para dirigir – a maioria dos adultos acha que está acima da média.

Em nossa experiência, a maior parte das pessoas acredita que ouvir bem se resume a fazer três coisas:

- não falar quando os outros estão falando;

- fazer com que seu interlocutor saiba que você está ouvindo por meio de expressões faciais e sons ("arrã");

- ser capaz de repetir o que os outros disseram, praticamente palavra por palavra.

Na verdade, muitos conselhos sobre o assunto em termos de gestão apontam para esse mesmo caminho – encorajar os ouvintes a permanecerem em silêncio, assentirem, murmurarem sons de incentivo e depois repetirem ao interlocutor o que foi dito, como: "Então, deixe-me ter certeza de que entendi. O que você está dizendo é que..." No entanto, pesquisas recentes que realizamos sugerem que esses comportamentos estão longe de caracterizar as habilidades de um bom ouvinte.

Analisamos dados que descrevem o comportamento de 3.492 participantes em um programa de desenvolvimento criado para ajudar os gerentes a se tornarem coaches (instrutores) melhores. Como parte desse programa, as habilidades de coaching dos participantes passaram por avaliações de 360 graus. Identificamos os indivíduos considerados os melhores ouvintes (os 5% melhores). Em seguida, comparamos os melhores ouvintes com a média de todas as outras pessoas no grupo e identificamos as 20 características que pareciam diferenciá-los.

Encontramos algumas características surpreendentes, juntamente com algumas qualidades que já esperávamos ver. Nós as agrupamos em quatro descobertas principais:

- *Ouvir bem é muito mais do que ficar em silêncio enquanto o outro fala.* Na verdade, as pessoas percebem como melhores ouvintes aqueles que de vez em quando fazem perguntas que promovem descobertas e reflexões. Essas perguntas desafiam com delicadeza suposições arraigadas, mas o fazem de maneira construtiva. Ficar sentada em silêncio não fornece evidências seguras de que uma pessoa está ouvindo, mas fazer uma boa pergunta diz ao interlocutor que o ouvinte não apenas escutou o que foi dito, mas compreendeu bem o suficiente para querer informações adicionais. Ouvir bem foi consistentemente visto como um diálogo de mão dupla, em vez de uma interação unidirecional de "interlocutor versus ouvinte". As melhores conversas eram ativas.

- *Ouvir bem envolve interações que aumentam a autoestima de uma pessoa.* Os melhores ouvintes tornam a conversa uma experiência positiva para a outra parte, o que não acontece quando o ouvinte é passivo (ou crítico). Bons ouvintes fazem o interlocutor se sentir apoiado e passam a impressão de que confiam nele. Ouvir bem significa criar um ambiente seguro em que questões e diferenças possam ser discutidas abertamente.

- *Ouvir bem é visto como parte fundamental de uma conversa colaborativa.* Nas interações que estudamos, o feedback fluiu de forma suave em ambas as direções, sem que nenhuma das partes ficasse na defensiva em relação aos comentários feitos pelo outro. Por outro lado, os maus ouvintes eram tidos como competitivos – como se ouvissem apenas para identificar erros no raciocínio ou na lógica, usando o silêncio como uma chance de preparar a próxima resposta. Isso pode torná-lo um excelente debatedor, mas não faz de você um bom ouvinte. Bons ouvintes podem desafiar suposições e discordar, mas a pessoa ouvida sente que o ouvinte está tentando ajudar, e não querendo vencer uma discussão.

- *Bons ouvintes tendem a dar sugestões.* No estudo, ouvir bem incluía, invariavelmente, algum feedback fornecido de forma que outros o aceitassem e que abrisse caminhos alternativos a serem considerados. Essa descoberta nos surpreendeu um pouco, já que não é incomum ouvir reclamações de que "Fulano não ouviu, ele simplesmente tentou resolver o problema". Talvez o que os dados estejam nos dizendo é que fazer sugestões não é o problema, mas sim a maneira como essas sugestões são feitas. Outra possibilidade é que somos mais propensos a aceitar sugestões de pessoas que já consideramos boas ouvintes. (Alguém que fica em silêncio durante toda a conversa e depois aparece com uma sugestão pode não ser avaliado como merecedor de crédito. Alguém que parece combativo ou crítico e depois tenta dar conselhos pode não ser considerado confiável.)

Muitos de nós talvez pensem que ser um bom ouvinte é como ser uma esponja que absorve tudo o que a outra pessoa está dizendo. O que essas descobertas apontam, contudo, é que bons ouvintes são como trampolins: você pode trocar ideias com eles e, no lugar de absorverem suas ideias e sua energia, eles as amplificam, energizam e esclarecem seu pensamento. Fazem você se sentir melhor não por assimilarem tudo de forma passiva, mas por apoiarem ativamente. Isso permite que você ganhe energia e impulso, como faz um trampolim.

Obviamente existem diferentes níveis de escuta. Nem todas as conversas exigem os mais altos níveis, mas muitas se beneficiariam de maior foco e capacidade de ouvir. Considere o nível de escuta que você deseja atingir.

Nível 1: O ouvinte cria um ambiente seguro no qual questões difíceis, complexas ou emocionais podem ser discutidas.

Nível 2: O ouvinte elimina as distrações, como telefones e notebooks, concentrando a atenção na outra pessoa e fazendo contato visual apropriado. (Esse comportamento afeta não apenas o modo como você é percebido como ouvinte, mas também influencia imediatamente suas próprias atitudes e sentimentos. Agir de forma adequada muda a forma como você se sente. Isso, por sua vez, faz de você um ouvinte melhor.)

Nível 3: O ouvinte procura entender a essência do que a outra pessoa diz. Ele capta ideias, faz perguntas e repete questões para confirmar que seu entendimento está correto.

Nível 4: O ouvinte observa sinais não verbais, como expressões faciais, transpiração, o ritmo da respiração, gestos, postura e vários outros sinais sutis de linguagem corporal. Estima-se que 80% do que comunicamos provenha desses sinais. Pode parecer estranho, mas nesse sentido você ouve tanto com os olhos quanto com os ouvidos.

Nível 5: O ouvinte compreende cada vez mais as emoções e os sentimentos do outro sobre o assunto em questão, identifica-os e os reconhece. O ouvinte tem empatia e valida esses sentimentos de forma acolhedora e sem julgamento.

Nível 6: O ouvinte faz perguntas que esclarecem as suposições que a outra pessoa tem e a ajuda a ver a questão sob uma nova luz. Ele pode acrescentar alguns pensamentos e ideias sobre o assunto que talvez sejam úteis para o interlocutor. No entanto, os bons ouvintes nunca se apropriam da conversa de modo que eles ou seus problemas se tornem o tema da discussão.

Cada um dos níveis se apoia nos outros; assim, se você tem sido criticado por oferecer soluções em vez de ouvir, isso pode significar que precisa atender a alguns dos outros níveis (como eliminar distrações ou ter empatia) antes que suas sugestões possam ser apreciadas.

Suspeitamos que, quando se trata de ser um bom ouvinte, a maioria de nós é mais propensa a ficar aquém em vez de ir longe demais. Nossa esperança é que essa pesquisa seja útil ao fornecer uma nova perspectiva sobre o que significa ouvir de verdade. Esperamos que aqueles que trabalham com uma ilusão de superioridade sobre suas habilidades de ouvinte possam ver em que nível realmente estão. Também torcemos para que perca força a noção corriqueira de que ouvir bem é agir como uma esponja. Por fim, desejamos que todos vejam que a melhor forma de ouvir é desempenhar para a outra pessoa o papel que um trampolim tem para uma criança: dar energia, aceleração, impulso e amplificação. Estas são as marcas da boa escuta.

JACK ZENGER é CEO e **JOSEPH FOLKMAN** é presidente da Zenger Folkman, empresa de consultoria em desenvolvimento de liderança. Eles são coautores do artigo "Making Yourself Indispensable", da *HBR* de outubro de 2011, e do livro *How to Be Exceptional: Drive Leadership Success by Magnifying Your Strenghts*.

Adaptado da publicação de 14 de julho de 2016.

4

A empatia é o segredo para uma reunião proveitosa

Entenda os conflitos no grupo

Annie McKee

Sim, todos nós odiamos reuniões. Sim, geralmente elas são uma perda de tempo. E, sim, elas vão continuar existindo. Então, é sua responsabilidade como líder melhorá-las. Isso não significa apenas deixá-las mais curtas, eficientes e organizadas. As pessoas precisam gostar delas e, ouso dizer, se divertirem.

A felicidade é muito importante no local de trabalho. Como poderia não ser, quando é lá que passamos a maior parte de nosso tempo acordados? As alternativas – frustração crônica, descontentamento e ódio absoluto de nossos empregos – simplesmente não são aceitáveis. Sentimentos negativos interferem na criatividade e na inovação, sem falar na colaboração.[1] E vamos ser sinceros: em geral, as reuniões ainda são o espaço onde a maior parte da colaboração, criatividade e inovação acontece.[2] Se elas não estão funcionando, então provavelmente não somos capazes de pôr em prática o que precisamos executar.

Sendo assim, como podemos fazer com que as reuniões sejam mais agradáveis e produzam mais sentimentos positivos? Convide as pessoas certas, crie pautas melhores e esteja mais bem preparado – ok, estes são os pontos básicos. Mas se você realmente quiser melhorar a maneira como as pessoas trabalham juntas nas reuniões, precisará contar com – e talvez desenvolver – algumas das principais competências da inteligência emocional: empatia e autocontrole emocional.

Por que empatia? A empatia é uma competência que lhe permite ler as pessoas. Quem está apoiando quem? Quem está chateado e quem está "viajando"? Onde está a resistência? Isso não é tão fácil quanto parece. Às vezes, os resistentes mais inteligentes parecem apoiadores, mas não dão suporte algum. Na verdade, são assassinos de ideias espertos e sorrateiros.

Ler atentamente as pessoas também o ajudará a entender os principais conflitos do grupo, muitas vezes ocultos. Dica: esses conflitos provavelmente não têm nada a ver com os tópicos discutidos ou com as decisões tomadas na reunião. É muito mais provável que estejam ligados a dinâmicas muito humanas, como quem tem influência sobre quem (pessoal da sede contra pessoal que trabalha na rua, estrangeiros contra locais) e dinâmicas de poder entre gêneros ou entre pessoas de várias etnias.

A empatia permite que você identifique e gerencie essas dinâmicas de poder. Muitos de nós gostaríamos de pensar que esse tipo de preocupação – e a política corporativa em geral – está abaixo de nós, não tem importância ou é coisa daquelas pessoas maquiavélicas de quem ninguém gosta. No entanto, para ser realista, o poder é extremamente importante em grupos porque é a verdadeira moeda na maioria das organizações. E isso pode ser visto nas reuniões. Aprender a ler como o fluxo de poder está se movendo e mudando pode ajudá-lo a liderar a reunião – e tudo mais.

Tenha em mente que usar a empatia vai ajudá-lo a entender como as pessoas estão respondendo a *você*. Como líder, você pode ser a pessoa mais poderosa na reunião. Algumas pessoas, os tipos dependentes, acatarão tudo. A sensação é boa, mas continue assim e você provavelmente criará um grupo dependente – ou um que esteja polarizado entre aqueles que farão tudo o que você quiser e aqueles que não farão.

É aqui que entra o autocontrole emocional, por algumas razões. Primeiro, dê uma olhada nas pessoas dependentes em suas reuniões. Mais uma vez, pode ser muito bom que elas o admirem e concordem com todas as suas palavras. Na verdade, isso pode ser um grande alívio em nossas organizações quase sempre conflituosas. Mas, se você não administrar sua reação, vai piorar a dinâmica do grupo. Além de parecer um idiota. Os outros também estão lendo o grupo e vão constatar corretamente que você gosta quando as pessoas concordam com você. Verão que está sendo vítima do seu próprio ego ou daqueles que querem agradá-lo ou manipulá-lo.

Em segundo lugar, emoções fortes dão o tom de todo o grupo. Captamos os sinais uns dos outros sobre como nos sentir a respeito do que está acontecendo ao nosso redor. Estamos em perigo? Existe motivo para celebração? Deveríamos estar fartos e céticos ou esperançosos e comprometidos? Eis por que isso é importante nas reuniões: se você, como líder, efetivamente projetar suas emoções mais positivas, como esperança e entusiasmo, os outros vão "espelhar" essas emoções e o tom geral do grupo será marcado pelo otimismo e por uma sensação de "estamos juntos nisso e vamos conseguir".[3] E há uma forte ligação neurológica entre sentimentos e cognição. Pensamos com mais clareza e criatividade quando nossos sentimentos são amplamente positivos e quando somos adequadamente desafiados.[4]

O outro lado da moeda é óbvio. Suas emoções negativas também são contagiantes e quase sempre destrutivas se não forem controladas e gerenciadas. Expressando raiva, desprezo ou desrespeito, você empurrará as pessoas para o modo beligerante – individual e coletivamente. Expressando desdém, afastará os participantes até muito depois do fim da reunião. E não importa para quem você está direcionando esses sentimentos. Basta que as pessoas o vejam em ação para perceberem – e se preocuparem que da próxima vez elas sejam o seu alvo.

Isso não quer dizer que todas as emoções positivas são boas o tempo todo ou que você nunca deve expressar emoções negativas. A questão aqui é que as emoções do líder contagiam os demais. Esteja ciente disso e gerencie seus sentimentos adequadamente para criar o tipo de ambiente em que as pessoas possam trabalhar juntas para tomar decisões e concluir tarefas.

Pode parecer óbvio, mas você não poderá fazer nada disso se estiver distraído com o seu celular. Como Daniel Goleman compartilha em seu livro *Foco – A atenção e seu papel fundamental para o sucesso*, nem de longe somos tão bons em multitarefas quanto achamos. Na verdade, somos péssimos. Então desligue-o e preste atenção nas pessoas com quem está hoje.

No fim das contas, é seu dever garantir que os participantes saiam da reunião sentindo-se satisfeitos com o que aconteceu, com as contribuições deles e com você como líder. A empatia lhe permite ler o que está acontecendo, e o autogerenciamento o ajuda a levar o grupo a um estado de espírito que estimula a realização de tarefas – e a felicidade.

ANNIE MCKEE é membro sênior da Universidade da Pensilvânia, diretora do Programa de Doutorado Executivo Penn-CLO e fundadora do Instituto de Liderança Teleos. É coautora de *O poder da inteligência emocional* (Objetiva), *O poder da* *liderança emocional* (Campus) e *Becoming a Resonant Leader* (Harvard Business Review Press), e autora de *How to Be Happy at Work* (Harvard Business Review Press).

Notas

1. D. Goleman et al., *O poder da inteligência emocional – Como liderar com sensibilidade e eficiência* (Rio de janeiro: Objetiva, 2018).
2. K. D'Costa, "Why Do We Need to Have So Many Meetings?", *Scientific American*, 17 de novembro de 2014, https://blogs.scientificamerican.com/anthropology-in-practice/why-do-we-need-to-have-so-many-meetings/.
3. V. Ramachandran, "The Neurons That Shaped Civilization", TED talk, novembro de 2009, https://www.ted.com/talks/vs_ramachandran_the_neurons_that_shaped_civilization?language=en.
4. M. Csikszentmihalyi, *Creativity: Flow and the Psychology of Discovery and Invention* (Nova York: Harper Perennial, 1997).

Adaptado da publicação de 23 de março de 2015.

5

É mais difícil ser empático com as pessoas se você já esteve no lugar delas

Você precisa se esforçar mais para focar as necessidades delas

Rachel Ruttan, Mary-Hunter McDonnell
e Loran Nordgren

Imagine que você acabou de ter um bebê. Sobrecarregado e exausto, seu desempenho no trabalho está sendo afetado. Você quer desesperadamente trabalhar de casa em tempo parcial para dar mais atenção à família. Uma de suas supervisoras teve filhos enquanto subia na hierarquia corporativa, ao passo que a outra não. Qual supervisora é mais propensa a aceitar sua solicitação?

A maioria das pessoas recomendaria conversar com a que tem filhos, baseando-se na intuição de que a experiência compartilhada gera empatia. Afinal, ela "já passou por isso", portanto parece estar numa posição melhor para entender sua situação.

Nossa pesquisa recente sugere que essa intuição muitas vezes está errada.[1]

Em uma série de experimentos, descobrimos que indivíduos que enfrentaram desafios no passado (se divorciaram ou foram descartados no momento de uma promoção) eram menos inclinados a mostrar compaixão por alguém que enfrenta o mesmo problema em comparação com aqueles sem experiência nessa situação em particular.

No primeiro experimento, entrevistamos pessoas que participaram de um "mergulho polar": um salto no gelado lago Michigan no inverno. Todos os respondentes leram a história de um homem chamado Pat, que pretendia fazer o mergulho mas se acovardou e desistiu no último minuto. Alguns participantes leram sobre Pat antes de terem feito o mergulho; outros, uma semana depois. Descobrimos que os mergulhadores polares que haviam completado com sucesso o desafio eram menos compassivos e mais desdenhosos com Pat do que aqueles que ainda não tinham realizado o mergulho.

Em outro estudo, observamos a compaixão em relação a um indivíduo lutando contra o desemprego. Mais de 200 pessoas leram uma história sobre um homem que, apesar de todos os esforços, não consegue encontrar um emprego. Lutando para sobreviver, o homem começa a vender drogas para ganhar dinheiro. O resultado foi que as pessoas que haviam superado um período de desemprego no passado eram menos compassivas e julgavam mais o homem do que as que estavam desempregadas no momento ou que nunca estiveram involuntariamente sem emprego.

Um terceiro estudo examinou a compaixão em relação a um adolescente que sofria bullying. Os participantes foram informados de que ou o adolescente estava lidando bem com o problema ou ele não conseguira e se tornara violento. Comparados aos participantes que não tinham sofrido bullying, os respondentes que relataram ter sido vítimas de bullying no passado eram mais compassivos em relação ao adolescente que estava lidando bem com a experiência. Mas, como em nossos estudos anteriores, esses mesmos participantes foram os menos compassivos em relação ao adolescente que não conseguira lidar bem com a questão.

Em conjunto, esses resultados indicam que os indivíduos que passaram por uma experiência difícil são particularmente propensos a penalizar aqueles que lutam para lidar com uma provação semelhante.

Mas por que isso acontece? Supomos que esse fenômeno esteja enraizado em duas verdades psicológicas.

Primeiro, as pessoas geralmente têm dificuldade de lembrar exatamente quão difícil foi uma experiência ruim do passado. Embora possamos recordar que um episódio foi doloroso, estressante ou uma provação emocional, tendemos a subestimar quão doloroso ele foi naquele momento. Esse fenômeno é chamado de "lacuna de empatia".[2]

Em segundo lugar, as pessoas que já passaram por uma experiência ruim sabem que foram capazes de superá-la, o que faz com que se sintam especialmente confiantes sobre sua compreensão da dificuldade da situação. A combinação das experiências de "Não consigo lembrar como foi difícil" e "Sei que consegui superar" cria a percepção de que a situação pode ser prontamente vencida, reduzindo a empatia em relação aos outros que lutam contra a mesma dificuldade.

Essa descoberta parece ir contra nossa intuição. Quando pedimos aos participantes que previssem quem mostraria mais compaixão pelo adolescente vítima de bullying, por exemplo – um professor que sofreu bullying ou alguém que nunca passou por isso –, a maioria esmagadora das pessoas (99 de 112) escolheu o professor. Isso significa que muita gente pode estar instintivamente buscando a compaixão daqueles que têm menos probabilidade de demonstrá-la.

Tal questão claramente tem implicações na comunicação entre iguais no trabalho (escolha com cuidado a pessoa com quem você vai desabafar). E os programas de mentoria, que com frequência juntam indivíduos com experiências ou históricos semelhantes, podem precisar ser reavaliados. Mas também há lições importantes para os líderes. Quando procurados por funcionários em dificuldades, os líderes podem acreditar que sua própria reação emocional à questão deve guiar sua resposta. Por exemplo, uma executiva que conseguiu superar o teto de vidro e chegar ao topo pode se concentrar em seu próprio sucesso ao considerar os temores de uma funcionária com relação à discriminação. Da mesma forma, gestores em áreas sujeitas à sobrecarga, como consultoria e serviços bancários, podem responder às preocupações dos funcionários com *burnout* e cansaço com comentários como: "Eu mesmo tive que trabalhar essa quantidade de horas, então por que você está reclamando?" (E, de fato, há algumas evidências de que esse mecanismo está em ação quando os profissionais mais velhos postergam reformas projetadas para ajudar a reduzir o excesso de trabalho.)[3]

Simplificando, os líderes precisam abrir mão de seu ponto de vista – dar *menos* ênfase, e não mais, a seus próprios desafios do passado. Para preencher a lacuna de empatia, pode ser mais útil se concentrarem em como a outra pessoa parece estar chateada ou lembrarem que muitos outros lutam com o mesmo desafio. Voltando ao exemplo inicial, a supervisora abordada pelo exausto funcionário que acabou de ter um filho poderia pensar nos inúmeros novos pais que lutam para encontrar equilíbrio entre trabalho e vida pessoal, muitos dos quais acabam sendo empurrados para fora do mercado.

Quando tentamos encorajar alguém a ser mais compreensivo, costumamos dizer algo como "Ponha-se no lugar dele". Na verdade, essa pode ser a coisa errada a se dizer às pessoas que já estiveram nesse lugar.

RACHEL RUTTAN é professora assistente de comportamento organizacional na Rotman School of Management.

MARY-HUNTER MCDONNELL é professora assistente de administração na Wharton School.

LORAN NORDGREN é professor adjunto de administração e organizações na Kellogg School of Management.

Notas

1. R. L. Ruttan et al., "Having 'Been There' Doesn't Mean I Care: When Prior Experience Reduces Compassion for Emotional Distress", *Journal of Personality and Social Psychology* 108, nº 4 (abril de 2015), pp. 610–622.
2. L. F. Nordgren et al., "Visceral Drives in Retrospect: Explanations about the Inaccessible Past", *Psychological Science* 17, nº 7 (julho de 2006), pp. 635–640.
3. K. C. Kellogg, *Challenging Operations: Medical Reform and Resistance in Surgery* (Chicago: University of Chicago Press, 2011).

Adaptado da publicação de 20 de outubro de 2015.

6

Quanto mais poder, menos empatia

Peça feedback para manter os pés no chão

Lou Solomon

Ano passado, trabalhei com um executivo sênior – vamos chamá-lo de Steve – que havia recebido feedback negativo: ele usava o poder de seu novo cargo de maneira desmotivadora. O chefe lhe disse que o jeito como ele sempre parecia ser o dono da razão nas reuniões criava um clima opressor na sala. Ninguém mais queria propor ideias depois que Steve já tinha dado a resposta certa. Desde sua promoção, Steve se tornara menos um membro da equipe e mais um superior que sabia mais que todo mundo. Em suma, perdera a empatia.

Por que esse tipo de mudança de comportamento acontece com tantos profissionais quando eles são promovidos a cargos de gestão? Pesquisas mostram que o poder pessoal de fato interfere em nossa capacidade de ter empatia. Dacher Keltner, autora e psicóloga social da Universidade da Califórnia em Berkeley, conduziu estudos empíricos demonstrando que pessoas com poder têm um decréscimo de empatia, da habilidade de ler emoções e da capacidade de adaptar seus comportamentos a outros indivíduos. Na verdade, o poder é realmente capaz de mudar a forma como o cérebro funciona, de acordo com pesquisa de Sukhvinder Obhi, neurocientista da Wilfrid Laurier University, em Ontário, no Canadá.[1]

As falhas de liderança mais comuns não envolvem fraudes, desvios de verbas nem escândalos sexuais. É mais comum ver os líderes falharem na área do autogerenciamento diário e usarem o poder de uma forma que é motivada pelo ego e pelo interesse próprio.

Como isso acontece? Lentamente e então de repente. Acontece com pequenas escolhas equivocadas, feitas talvez em um nível inconsciente. Pode aparecer como o ato sutil de "mostrar quem manda": exigir tratamento especial, tomar decisões sozinho e fazer tudo a seu modo. Líderes que são parados pela polícia por excesso de velocidade ou por dirigirem alcoolizados ficam indignados e irritados: "Você sabe com quem está falando?"

Isso aponta para uma história maior sobre poder e fama. Como as pessoas começam em busca de um sonho e acabam se engrandecendo e se tornando arrogantes? Elas chegam a um ponto de estrangulamento, não sendo mais generosas com o poder, mas usando seu poder em benefício próprio.

Tomemos como exemplo o ex-prefeito de Charlotte, na Carolina do Norte, Patrick Cannon. Cannon veio do nada. Superou a pobreza e a perda violenta do pai aos 5 anos. Formou-se na Universidade Estadual Agrícola e Técnica da Carolina do Norte e ingressou no serviço público aos 26 anos, tornando-se o mais jovem membro da Câmara Municipal da história da cidade. Era conhecido por ser completamente comprometido em servir ao povo.

Mas em 2014, Cannon, então com 47 anos, confessou ter recebido 50 mil dólares em propina enquanto estava na Câmara.[2] Ao entrar no tribunal federal da cidade, ele tropeçou e caiu. A mídia estava lá para capturar a queda, que foi o símbolo do tombo muito maior de um líder eleito e pequeno empresário que antes era a personificação de um sucesso galgado contra todas as probabilidades. Cannon agora tem a distinção de ser o primeiro prefeito da história da cidade a ser preso. Pessoas próximas dizem que ele era um homem bom, que pareceu vulnerável quando se isolou na tomada de decisões. E, embora um pastor local tenha argumentado que o único erro de julgamento de Cannon não deveria desmerecer o homem e sua excepcional carreira no serviço público, ele agora é julgado apenas por sua fraqueza: sua mudança drástica da humildade e da generosidade para a corrupção. E aquela imagem de Cannon tropeçando a caminho do tribunal é a imagem que o povo associa a ele hoje em dia.

O que os líderes podem fazer a fim de evitarem cruzar a linha do poder para o abuso de poder? Primeiro, devem envolver outras pessoas. É preciso estar disposto a ser vulnerável e pedir feedback. Um bom coach executivo pode ajudá-lo a retornar a um estado de empatia e tomada de decisões orientada pelos valores. No entanto, certifique-se de pedir feedback a uma grande variedade de pessoas. Dispense as perguntas simples (Como estou me saindo?) e faça as difíceis (Como meu estilo e meu foco afetam meus funcionários?).

A manutenção preventiva começa com autoconsciência e uma autoavaliação implacável. Aqui estão algumas perguntas importantes a serem feitas:

1. Você tem uma rede de apoio de amigos, familiares e colegas que se importam com você independentemente de seu título e podem ajudá-lo a manter os pés no chão?
2. Você tem um coach executivo, um mentor ou um confidente?
3. Recebeu feedback sobre não agir de acordo com o que fala? Como foi isso?
4. Você exige privilégios?
5. Está mantendo as promessas pequenas e inconvenientes que não geram notoriedade?
6. Deixa que outras pessoas sejam o centro das atenções?
7. Você se isola no processo de tomada de decisão? Suas decisões refletem seus verdadeiros valores?
8. Admite seus erros?

9. Você é a mesma pessoa no trabalho, em casa e sob os holofotes?
10. Diz a si mesmo que há exceções ou regras diferentes para pessoas como você?

Nada abala mais drasticamente a confiança depositada no líder do que uma falha entre o que ele faz e o que prega ou um abuso egoísta de poder. Todos nós queremos que nossos líderes sejam altamente competentes, visionários e responsáveis. No entanto, empatia, autenticidade e generosidade são o que caracterizam competência e grandeza. Os líderes mais autoconscientes reconhecem os sinais de abuso de poder e corrigem a rota antes que seja tarde demais.

LOU SOLOMON é CEO da Interact, uma consultoria de comunicação. É autora de *Say Something Real* e membro adjunto do corpo docente da McColl School of Business da Universidade Queens de Charlotte.

Notas

1. J. Hogeveen et al., "Power Changes How the Brain Responds to Others", *Journal of Experimental Psychology* 143, nº 2 (abril de 2014), pp. 755-762.
2. M. Gordon et al., "Patrick Cannon Pleads Guilty to Corruption Charge", *The Charlotte Observer*, 3 de junho de 2014, www.charlotteobserver.com/news/local/article9127154.html.

Adaptado da publicação de 21 de abril de 2015.

7

Um processo para o design de produto empático

Foque as pessoas

Jon Kolko

A disciplina de gestão de produtos está mudando – de um foco externo no mercado, ou um foco interno na tecnologia, para um foco empático nas pessoas. Embora não seja difícil convencer os outros sobre essa ideia geral, de início pode ser complicado entender como traduzi-la em táticas. Portanto, neste artigo, explicarei como aplicamos essa abordagem a um produto específico em uma startup e como isso levou à adoção em grande escala e, em última análise, à aquisição da empresa.

Anteriormente, fui vice-presidente de design da MyEdu, onde nos concentrávamos em ajudar os alunos a terem sucesso na faculdade, mostrar suas conquistas acadêmicas e conseguir emprego. O MyEdu começou com uma série de ferramentas gratuitas de planejamento acadêmico. Ao formalizarmos um modelo de negócios focado no processo seletivo das faculdades, conduzimos uma pesquisa comportamental e empática com estudantes universitários e recrutadores. Esse tipo de pesquisa qualitativa foca o que as pessoas fazem, e não o que elas dizem. Passamos horas com os alunos em seus dormitórios, observando-os fazer o dever de casa, ver televisão e se matricular nas disciplinas. Nós os acompanhávamos sendo estudantes, e nosso objetivo não era identificar conflitos no fluxo de trabalho ou problemas utilitários a serem resolvidos. O objetivo era estabelecer um conjunto de sentimentos intuitivos sobre o que significa ser universitário. Realizamos o mesmo tipo de pesquisa com recrutadores, observando-os conversar com os candidatos e atuar no processo de contratação.

Essa forma de pesquisa é enganosamente simples – você vai lá e observa as pessoas. O desafio está em criar um vínculo amigável com elas em um espaço muito curto de tempo. Nosso objetivo é formar um relacionamento de mestre e aprendiz: entramos nessas atividades de pesquisa como um humilde aprendiz, esperando adquirir conhecimento com um mestre. Pode parecer meio curioso, mas os estudantes universitários são mestres em estar no ambiente acadêmico, com todos os sucessos e fracassos que essa experiência lhes traz.

Ao concluirmos nossa pesquisa, transcrevemos a sessão na íntegra. Esse esforço trabalhoso é fundamental, porque incorpora a voz coletiva dos participantes em nossa cabeça. Enquanto ouvimos, transcrevemos, pausamos e voltamos nossas gravações, começamos literalmente a pensar a partir da perspectiva do participante. Decompomos as transcrições em milhares de discursos individuais e depois afixamos as declarações por toda a nossa sala de guerra (*war room*).

As informações que entram em nossa pesquisa comportamental são um perfil do tipo de pessoa por quem queremos sentir empatia. O resultado é um conjunto sólido de dados de discursos verbais, decompostos em partes móveis e individuais.

Depois que geramos uma quantidade considerável de dados, nossa próxima etapa é sintetizar o conteúdo em insights significativos. Esse é um processo árduo e aparentemente interminável – que vai literalmente preencher qualquer quantidade de tempo que você atribuir a ele. Lemos notas individuais, destacamos pontos importantes e movemos as notas de lugar. Construímos grupos de notas no estilo "de baixo para cima", como uma colcha de retalhos, identificando semelhanças e anomalias. Convidamos a equipe inteira do produto a participar: se tiverem 15 ou 30 minutos, são incentivados a aparecer, ler algumas anotações e transferi-las para lugares que façam sentido. Com o tempo, a sala começa a tomar forma. À medida que os agrupamentos surgem, damos a eles nomes orientados para a ação. Em vez de usar rótulos de categorias como "Serviço de carreira" ou "Emprego", escrevemos declarações iniciais resumidas, como "Os alunos fazem currículos para encontrar emprego".

Depois de realizarmos progressos substanciais, começamos a provocar introspecção nas categorias, fazendo perguntas orientadas para o "porquê". E a chave de todo o processo é que respondemos a essas perguntas *mesmo que não tenhamos certeza da resposta*. Combinamos o que sabemos sobre os alunos com o que sabemos sobre nós mesmos. Acrescentamos nossas próprias experiências e, conforme potencializamos nossa lente empática focada no aluno, fazemos saltos inferenciais. Dessa forma, impulsionamos a inovação e, ao mesmo tempo, introduzimos o risco. Nesse caso, fizemos a pergunta: "Por que os alunos elaboram currículos para encontrar emprego?" E respondemos: "Porque eles acham que os empregadores querem ver um currículo." Isso é o que Roger Martin chama de "raciocínio abdutivo": uma forma de recombinação lógica para ir além do esperado e passar para o mundo provocativo da inovação.[1]

Finalmente, quando respondemos a esses "Por quê?" de cada grupo, criamos uma série de declarações de insight, que são declarações provocadoras da verdade sobre o comportamento humano. Partimos para elaborar a declaração do porquê, abstraindo nossa resposta dos alunos com quem passamos tempo e fazendo uma generalização sobre *todos* os estudantes. Perguntamos: "Por que os alunos fazem currículos para encontrar emprego?" E respondemos: "Porque eles acham que os empregadores querem ver um currículo." Agora vamos elaborar uma declaração de insight: "Os estudantes acham que têm uma ideia do que os empregadores querem em um candidato, mas muitas vezes estão errados." Mudamos de uma declaração passiva para uma afirmação ativa. Fizemos um grande salto inferencial. E chegamos a um esqueleto para um novo produto, serviço ou ideia.

Podemos criar uma declaração de verdade provocadora semelhante sobre os recrutadores, aprendendo com os empregadores. Com base em nossa pesquisa, identificamos que os recrutadores gastam muito pouco tempo com cada currículo, mas têm opiniões muito fortes sobre os candidatos. Nossa declaração de insight se torna: "Recrutadores fazem julgamentos precipitados, impactando diretamente as chances de sucesso de um candidato." (Veja a Tabela 1.)

As informações que entram em nosso processo de síntese são os dados brutos da pesquisa, transcritos e distribuídos em uma grande parede. O resultado do nosso processo de síntese é uma série de insights: declarações provocadoras da verdade sobre o comportamento humano.

Agora podemos começar a mesclar e comparar insights para chegar a uma proposta de valor. À medida que conectamos as duas percepções, dos estudantes e dos empregadores, e as sobrepomos,

TABELA 1

Insight sobre o estudante	Insight sobre o empregador
Os estudantes acham que têm uma ideia do que os empregadores querem em um candidato, mas muitas vezes estão errados.	**Recrutadores fazem julgamentos precipitados, impactando diretamente as chances de sucesso de um candidato.**
"Seu currículo é como sua vida: é seu bilhete dourado para a fábrica de chocolate." – *Samantha, estudante de comércio exterior*	"Não se candidate a cinco das minhas vagas, porque assim não vai conseguir nenhuma delas." – *Meg, recrutadora*
• Enfatizam listas de características em um currículo em vez de mostrar habilidades por meio de seus feitos (portfólio) • Pensam que devem ter um conjunto amplo, mas superficial, de habilidades, em vez de uma competência mais aprofundada em uma área • Normalmente se candidatam a todo e qualquer emprego	• Formam uma opinião em segundos com base em um único dado • Estão procurando habilidades específicas e evidências de competência nessas habilidades • Criam uma narrativa mental do que um candidato pode fazer com base em como ele se apresenta

podemos nos concentrar em uma oportunidade "e se". E se ensinássemos aos universitários novas formas de raciocinar sobre a busca de emprego? E se mostrássemos a eles caminhos alternativos para os empregos? E se ajudássemos os estudantes a identificar suas habilidades e apresentá-las com credibilidade aos empregadores? (Veja a Tabela 2.)

Se mudarmos sutilmente a linguagem, chegaremos a uma proposta de valor de capacidade: "O MyEdu ajuda os alunos a identificar suas habilidades e a apresentá-las aos empregadores de maneira digna de confiança."

Essa proposta de valor é uma promessa. Prometemos aos estudantes que, se usarem nossos produtos, vamos ajudá-los a identificar suas habilidades e a mostrá-las aos empregadores. Se não cumprirmos essa promessa, eles terão uma experiência ruim com nossos produtos e sairão. O mesmo vale

TABELA 2

Insight sobre o estudante	Insight sobre o empregador
Os estudantes acham que têm uma ideia do que os empregadores querem em um candidato, mas muitas vezes estão errados.	Recrutadores fazem julgamentos precipitados, impactando diretamente as chances de sucesso de um candidato.
Oportunidade "e se": E se ajudássemos os estudantes a identificar suas habilidades e a apresentá-las com credibilidade aos empregadores?	

para qualquer empresa de produtos ou serviços. Se a Comcast promete entregar acesso à internet em nossa casa mas nos deixa na mão, ficamos frustrados. Se falha com determinada frequência, nós a trocamos por uma empresa com uma proposta de valor semelhante ou melhor.

Os insights agem como as informações de entrada nessa fase do processo de design empático, e o resultado desse processo é uma promessa de valor com carga emocional.

Munidos de uma proposta de valor, temos restrições em relação ao que estamos construindo. Além de fornecer uma declaração de valor externa, essa declaração também indica como podemos determinar se as capacidades, os recursos e outros detalhes que debatermos são apropriados para serem incluídos na oferta. Se inventamos um novo recurso e ele não ajuda os estudantes a identificarem suas habilidades e a apresentá-las com credibilidade aos empregadores, não vale nosso investimento. A promessa de valor torna-se o critério objetivo em um contexto subjetivo, agindo como uma peneira através da qual podemos passar nossas boas ideias.

Agora contamos histórias, fazemos *story telling* – o que chamamos de "fluxos do herói" ou os principais caminhos pelos quais nossos produtos deixam as pessoas felizes. Essas histórias estabelecem um cenário de como alguém usa nosso produto para receber a promessa de valor. Nós as escrevemos, as desenhamos e começamos a esboçar as interfaces reais do produto. E então, por meio de um processo de desenvolvimento de produto bastante padronizado, damos vida a essas histórias com protótipos, simulações, estudos de movimento e outros recursos tradicionais de produtos digitais.

Por meio desse processo, desenvolvemos o MyEduProfile: um registro altamente visual que ajuda os universitários a destacar suas realizações acadêmicas e a apresentá-las aos empregadores no contexto do recrutamento.

Durante a pesquisa, ouvimos de alguns estudantes universitários que "o LinkedIn me faz sentir um idiota". Eles não têm muita experiência profissional, por isso pedir que destaquem essas conquistas não é um bom começo. Mas, ao passo que os estudantes usam nossas ferramentas de planejamento acadêmico, seu comportamento e suas atividades se traduzem em elementos do perfil que destacam suas realizações acadêmicas – podemos, assim, cumprir nossa proposta de valor.

Nossa proposta de valor atua como informações de entrada para o núcleo do desenvolvimento de produtos. O resultado desse processo são nossos produtos, que facilitam o conjunto sucessivo e gradual de capacidades que mudam o comportamento e ajudam as pessoas a alcançar seus objetivos, necessidades e desejos.

O exemplo do LinkedIn que destacamos ilustra o que chamamos de "pesquisa empática". Examinamos dados e perseveramos em um processo rigoroso de criação de sentido para chegar a insights. Potencializamos esses insights para provocar uma proposta de valor, e então construímos histórias em cima de todo esse esqueleto. E como resultado desse processo, criamos um produto com ressonância emocional. O produto de perfis atraiu mais de um milhão de estudantes universitários em cerca de um ano e, durante um período movimentado de matrículas na universidade, tivemos um crescimento de algo entre 3 mil a 3,5 mil novos perfis por dia. Depois que fomos adquiridos pela empresa de software de educação Blackboard e integrados ao principal sistema de gerenciamento de aprendizado, vimos um crescimento de cerca de 18 mil a 20 mil novos perfis por dia.

O processo descrito aqui não é difícil nem novo – empresas como a Frog Design têm utilizado essa abordagem há anos, e aprendi os fundamentos do design empático quando era estudante de graduação na Carnegie Mellon. Mas, para a maioria das empresas, esse processo se apoia numa ideologia corporativa diferente. É um processo informado por dados qualitativos profundos, em vez de dados estatísticos do mercado. Celebra pessoas em vez de tecnologia. E requer identificar e acreditar em insights comportamentais, que são subjetivos e, em sua ambiguidade, cheios de riscos.

JON KOLKO é vice-presidente de design da Blackboard, uma empresa de softwares educativos, fundador e diretor do Austin Center for Design e autor de *Do design thinking ao design doing – Como usar a empatia para criar produtos que as pessoas amam* (M. Books).

Nota

1. R. Martin, *Design de negócios – Por que o design thinking se tornará a próxima vantagem competitiva dos negócios e como se beneficiar disso* (Rio de Janeiro: Elsevier, 2010).

Adaptado do conteúdo postado em hbr.org em 23 de abril de 2015.

8

Como o Facebook usa a empatia para manter os dados dos usuários em segurança

Entenda as pessoas que você está protegendo

Melissa Luu-Van

A segurança on-line geralmente se concentra em detalhes técnicos: software, hardware, vulnerabilidades e afins. Mas a segurança efetiva é determinada tanto pelas pessoas quanto pela tecnologia. Afinal, o objetivo é proteger consumidores, funcionários e parceiros que usam nossos produtos.

A maneira como essas pessoas interagem com a tecnologia e entre si pode mudar completamente a eficácia da sua estratégia de segurança. Portanto, produtos e ferramentas de segurança devem levar em conta o contexto humano dos problemas que estão resolvendo – e isso requer empatia.

No Facebook, a empatia nos ajuda a criar soluções que funcionam porque são projetadas em torno das experiências e do bem-estar de nossos usuários. Especificamente, vemos três maneiras de tornar os esforços de segurança mais empáticos.

Metas viáveis e específicas voltadas para o consumidor. Ao pesquisar os contextos culturais e físicos em que as pessoas usam aquilo que você produz, é possível definir metas melhores e mais precisas para esses produtos. Envolver-se com seus usuários regularmente – por meio de ferramentas de relatórios de dados incorporadas em seu produto, pesquisas on-line ou grupos focais, entre outros – é um passo necessário para compreender, em vez de presumir, quais são os desafios e as necessidades deles.

Por exemplo, recentemente perguntamos a vários grupos focais sobre seus maiores receios com relação à segurança no Facebook. Com o que eles estão preocupados? O que os ajudaria a se sentirem seguros? A maioria esmagadora das pessoas nos disse que queria mais controle. O simples fato de saber que o Facebook estava trabalhando nos bastidores para proteger suas contas não era suficiente. Descobrimos que muitos usuários desconheciam todos os recursos de segurança que oferecemos para adicionar mais proteção às suas contas. Mas, uma vez que tomaram conhecimento deles, ficaram ansiosos para usá-los.

As pessoas também queriam controlar esses recursos e ver como cada ferramenta protege sua conta. Essas descobertas nos revelaram duas coisas muito importantes sobre os dispositivos de segurança. Primeiro, eles precisavam ser mais fáceis de encontrar. Segundo, eles precisavam ser mais visíveis e dar às pessoas mais controle.

Com isso em mente, criamos a Verificação de Segurança, uma ferramenta projetada para tornar os controles de segurança do Facebook mais visíveis e fáceis de usar. Durante os primeiros testes e após o lançamento global, perguntamos aos usuários sobre sua experiência com a nova ferramenta. Eles a consideraram útil, e a taxa de conclusão (porcentagem de pessoas que utilizaram de modo integral a ferramenta) aumentou rapidamente para mais de 90%. Esses resultados são válidos, mas não surpreendentes, pois adaptamos a Verificação de Segurança ao que descobrimos sobre as preferências e preocupações das pessoas.

Nosso principal objetivo sempre foi proteger os usuários, mas, por meio de nossa pesquisa, incluímos a meta de ajudá-los a se protegerem melhor onde quer que estejam na web. As lições de segurança que nossos usuários aprendem no Facebook podem estimulá-los a desenvolver hábitos on-line mais seguros, como o uso de senhas exclusivas ou a verificação de permissões de aplicativos, que também podem ser empregados em outros sites.

Equipes colaborativas e multifuncionais. A segurança costuma ser abordada como uma iniciativa liderada pela engenharia, na qual equipes multifuncionais de pesquisa, design ou produto são menos importantes. No entanto, descobrimos que as áreas além da engenharia são igualmente essenciais para o processo de idealização e desenvolvimento de produtos, porque a diversidade de pensamento é uma característica importante da empatia.

As equipes multifuncionais são particularmente valiosas para refletir sobre as várias experiências que as pessoas podem ter com um produto. Os fabricantes de automóveis fazem isso há anos, acrescentando cintos de segurança e airbags para manter as pessoas seguras mesmo quando um veículo está envolvido em uma situação fora de seu propósito original (ou seja, num acidente em alta velocidade). Os designs dos carros foram alterados para tornar a segurança das pessoas um padrão. Da mesma forma, as ferramentas de segurança do Facebook são construídas com a crença de que um design melhor de produto leva a um comportamento mais seguro. Muitos de nossos departamentos colaboram para essa finalidade, incluindo pesquisa, segurança, experiência do usuário, marketing, design de produtos e comunicações.

Ao longo de vários estágios do processo, essas equipes se reúnem para discutir possíveis desafios de engenharia, design ou segurança, identificar soluções e considerar o impacto que qualquer um desses fatores pode exercer na experiência geral de alguém usando nossos produtos. Acreditamos que essa experiência coletiva nos ajuda a evitar possíveis problemas por lidarmos com eles logo no início do processo de desenvolvimento. Por exemplo, durante as primeiras versões da Verificação de Segurança, percebemos que simplesmente chamar a atenção para os recursos de segurança existentes era interpretado por algumas pessoas como um aviso ou alerta de que algo estava errado. Como tínhamos especialistas em design e comunicação já trabalhando na equipe de desenvolvimento, conseguimos criar uma ferramenta de segurança com um tom utilitário de modo a evitar que os usuários ficassem preocupados desnecessariamente.

Foco nos resultados, em vez de no que chega até nós. Finalmente, e mais importante, a empatia nos ajuda a manter os usuários seguros. Se eles não tiverem uma experiência segura, não importa quantas ferramentas de segurança desenvolvemos. É por isso que os resultados reais das pessoas são sempre nossa maior prioridade. A empatia ajuda de duas formas.

Primeiro, ter empatia pelos usuários mantém você focado em ajudá-los a fazer ajustes pequenos porém úteis (em vez de grandes revisões) em seu comportamento on-line. Como a segurança on-line pode ser um assunto intimidador, muitas pessoas evitam tomar iniciativas em relação a isso. Portanto, incentivá-las a começar com pequenos passos pode contribuir bastante. Vimos que até mesmo o progresso gradativo as ajuda a aprender como reconhecer riscos e fazer escolhas mais seguras. Comportamentos simples, como ativar configurações adicionais de segurança para contas on-line, podem ter grande impacto na segurança de alguém.

Segundo, usar uma linguagem empática na comunicação com o consumidor torna a segurança menos intimidadora e mais acessível. Isso significa empregar termos e conceitos que sejam facilmente compreendidos nas culturas e nos idiomas locais, mesmo que sejam diferentes dos termos que os especialistas técnicos usariam. Pesquisas mostram que, com o passar do tempo, as comunicações alarmistas criadas para assustar as pessoas na verdade têm uma taxa de retorno decrescente em ajudar os consumidores a evitar ameaças on-line. Por outro lado, o fomento da resiliência pode levá-los a enfrentar melhor as possíveis ameaças, recuperar-se de erros e identificar as ações preventivas mais importantes.

Se você quer aumentar a empatia em sua equipe, uma das melhores maneiras de fazer isso é convidar um grupo de áreas diferentes para fazer parte do processo de desenvolvimento de produtos, tanto por meio de contratações quanto pela colaboração com outras equipes. Profissionais com experiência em psicologia, ciências comportamentais ou comunicação podem trazer perspectivas inestimáveis para a construção de uma equipe empática. Em seguida, invista em pesquisas para entender a experiência e as preocupações de segurança das pessoas que usam seus produtos; não adivinhe nem presuma que já sabe quais são.

Desenvolver empatia não é fácil. Requer um compromisso de entender a fundo aqueles que você protege, mas também resulta em uma segurança significativamente melhor. E esse é o grande objetivo.

MELISSA LUU-VAN é gerente de produto no Facebook, onde lidera uma equipe multifuncional focada em ajudar as pessoas a acessar suas contas e mantê-las seguras.

Adaptado da publicação original de 28 de abril de 2016.

9

Os limites da empatia

Ela pode ser exaustiva

Adam Waytz

Alguns anos atrás, a Ford Motor Company começou a pedir a seus engenheiros (na maioria homens) que usassem o Empathy Belly, um simulador que permite experimentar os sintomas da gravidez em primeira mão – dor nas costas, pressão na bexiga, os cerca de 10 quilos de peso extra. Eles podem até sentir "movimentos" que imitam os chutes do bebê. A ideia é levá-los a compreender os desafios ergonômicos que as mulheres grávidas enfrentam ao dirigir, como alcance limitado, mudanças na postura e no centro de gravidade e o desconforto geral no corpo.

Não está claro se isso melhorou os carros da Ford ou aumentou a satisfação das clientes, mas os engenheiros alegam que a experiência trouxe benefícios. Eles ainda usam o simulador. Além disso, estão simulando a visão embaçada e as articulações rígidas de motoristas idosos com um "traje de velhice". Se não tiverem nenhum outro resultado, esses exercícios ao menos são uma tentativa de "entender o ponto de vista da outra pessoa", o que Henry Ford certa vez disse ser a chave para o sucesso.

A empatia é a última moda por toda parte – não apenas na Ford ou nas equipes de engenharia e desenvolvimento de produtos. Ela é o coração do *design thinking* e da inovação em sua definição mais ampla. Também é considerada uma habilidade essencial de liderança, que ajuda você a influenciar outras pessoas em sua organização, antecipar as preocupações de *stakeholders* ou partes interessadas, responder aos seguidores das redes sociais e até mesmo conduzir reuniões melhores.

No entanto, pesquisas recentes (feitas por mim e muitos outros) sugerem que todo esse destaque pode ser um pouco intenso demais. Embora a empatia seja essencial para liderar e gerenciar outras pessoas – sem ela, você tomará decisões desastrosas e perderá os benefícios que acabamos de descrever –, deixar de reconhecer seus limites pode prejudicar o desempenho individual e organizacional.

Aqui estão alguns dos maiores problemas que podemos encontrar e as recomendações do que fazer para contorná-los.

Problema nº 1: É exaustivo

Assim como tarefas cognitivas pesadas, como manter várias informações em mente ao mesmo tempo ou evitar distrações em um ambiente tumultuado, a empatia esgota nossos recursos mentais. Assim, empregos que exigem empatia constante podem levar à "fadiga da compaixão", uma incapacidade aguda de sentir empatia que é impulsionada pelo estresse e pelo *burnout*, uma versão mais gradual e crônica desse fenômeno.

Os profissionais da saúde e do serviço social (médicos, enfermeiros, assistentes sociais, carcereiros) correm mais risco de sofrer com essa condição, porque a empatia é fundamental para suas funções diárias. Em um estudo com enfermeiros de casas de repouso, por exemplo, os principais indicadores da fadiga da compaixão eram psicológicos: ansiedade, traumas, demandas da vida e o que os pesquisadores chamam de empatia excessiva, que é a tendência de sacrificar as próprias necessidades pelas dos outros.[1] Variáveis como longas jornadas e muitos casos pesados de doenças também provocaram impacto, embora menor do que o esperado. E em uma pesquisa com enfermeiros coreanos, casos de fadiga da compaixão eram um forte indicador de suas intenções de deixar seus empregos em um futuro próximo.[2] Outros estudos com enfermeiros mostram consequências adicionais da fadiga da compaixão, como absenteísmo e aumento de erros na administração de medicação.

As pessoas que trabalham para instituições de caridade e outras organizações sem fins lucrativos (como abrigos de animais) estão igualmente em risco. A rotatividade é excessivamente alta entre os voluntários, em parte por conta da natureza empática do trabalho; e os baixos salários exacerbam o aspecto de autossacrifício. Além disso, a visão rigorosa da sociedade sobre como as entidades sem fins lucrativos devem operar faz com que elas enfrentem uma reação adversa quando agem como empresas (por exemplo, investindo em "despesas gerais" para manter a organização funcionando sem problemas). Espera-se, portanto, que funcionem por meio de manifestações espontâneas de compaixão dos trabalhadores.

A demanda por empatia também é implacável em outros setores. Dia após dia, os gestores devem motivar os trabalhadores do conhecimento, compreendendo suas experiências e perspectivas e ajudando-os a encontrar um significado pessoal em suas funções. Os profissionais de atendimento ao cliente precisam aplacar continuamente as preocupações daqueles que ligam para a empresa com algum problema. A empatia é exaustiva em qualquer ambiente ou papel em que seja um aspecto essencial do trabalho.

Problema nº 2: É uma questão de soma zero (um ganha e outro perde)

A empatia não drena apenas energia e recursos cognitivos – ela também se esgota. Quanto mais empatia dedico ao meu cônjuge, menos tenho para dedicar à minha mãe; quanto mais dedico à minha mãe, menos posso dar ao meu filho. Tanto nosso desejo de ser empático quanto o esforço que isso exige são limitados, seja lidando com familiares e amigos ou com clientes e colegas.

Considere o seguinte estudo: pesquisadores examinaram as compensações ou perdas associadas a comportamentos empáticos no trabalho e em casa, entrevistando 844 trabalhadores de vários setores, incluindo cabeleireiros, bombeiros e profissionais de telecomunicações.[3] As pessoas que relataram ter no local de trabalho comportamentos como "tirar um tempo para ouvir os problemas e preocupações dos colegas" e ajudar "os outros que têm cargas de trabalho pesadas" se achavam menos capazes de se conectar com suas famílias. Elas se sentiam emocionalmente esgotadas e sobrecarregadas por demandas relacionadas ao trabalho.

Às vezes, o problema de soma zero (alguém tem que perder para que o outro ganhe) leva a outro tipo de compensação: a empatia em relação a pessoas de dentro – digamos, funcionários em nossas equipes ou em nossas organizações – pode limitar a capacidade de ter empatia com pessoas de fora de nossos círculos imediatos. Naturalmente dedicamos mais tempo e esforço para entender as necessidades de nossos amigos e colegas próximos. Simplesmente achamos mais fácil, porque, para início de conversa, nos importamos mais com eles. Esse investimento desigual cria uma lacuna que é ampliada por nossa oferta limitada de empatia: à medida que usamos a maior parte do que temos disponível com pessoas próximas, nossos laços com eles se fortalecem, ao passo que nosso desejo de nos conectarmos com indivíduos de fora diminui.

A empatia preferencial pode atrair a hostilidade daqueles que nos veem protegendo "os nossos". De forma um pouco mais surpreendente, pode também causar a agressividade das pessoas próximas em relação às pessoas de fora. Por exemplo, em um estudo que conduzi com Nicholas Epley, professor da Universidade de Chicago, observamos como dois grupos de participantes – aqueles reunidos com um amigo (para estabelecer uma conexão empática) e aqueles reunidos com um estranho – tratariam terroristas, um grupo externo com associações particularmente negativas. Depois de descrever os terroristas, perguntamos se os participantes endossavam declarações que os retratavam como sub-humanos, quão aceitável era submetê-los à tortura e quanto de tensão de choque elétrico estariam dispostos a aplicar neles. O simples fato de estarem em uma sala com um amigo aumentou significativamente a disposição das pessoas para torturar e desumanizar.

Embora esse estudo represente um caso extremo, o mesmo princípio vale para as organizações. A compaixão pelos próprios funcionários e colegas às vezes produz reações agressivas em relação aos outros. Com mais frequência, as pessoas que pertencem ao grupo simplesmente não se interessam em ter empatia com pessoas de fora – mas mesmo isso pode fazer com que negligenciem oportunidades de colaboração construtiva entre funções ou organizações.

Problema nº 3: Pode comprometer a ética

Finalmente, a empatia pode causar lapsos no julgamento ético. Vimos um pouco disso no estudo sobre terroristas. Em muitos casos, no entanto, o problema não provém da agressão em relação às pessoas de fora, mas da extrema lealdade aos membros do nosso grupo. Ao fazermos um esforço concentrado para ver e sentir as coisas da mesma forma que aqueles mais próximos de nós, podemos assumir seus interesses como nossos. Isso pode nos tornar mais dispostos a ignorar transgressões ou fazer com que nós mesmos nos comportemos mal.

Diversos estudos em ciência comportamental e tomada de decisão mostram que as pessoas estão mais inclinadas a trapacear quando isso favorece outra pessoa.[4] Em vários contextos, com os benefícios variando de ganhos financeiros à melhora da reputação, os indivíduos usam esse altruísmo ostensivo para racionalizar sua desonestidade. E fica pior quando eles têm empatia com o sofrimento do outro ou sentem a dor de alguém que é tratado injustamente: nesses casos, é ainda mais provável que mintam, trapaceiem ou roubem para beneficiar essa pessoa.

No local de trabalho, a empatia em relação aos colegas pode inibir a denúncia de irregularidades – e, quando isso acontece, em geral resulta em escândalos. Basta perguntar à polícia, aos militares, à Universidade Estadual Penn, ao Citigroup, ao JPMorgan e à WorldCom. Os tipos de problema que afligiram essas organizações – brutalidade, assédio sexual, fraude – tendem a ser expostos por pessoas de fora que não se identificam com os criminosos.

Em minha pesquisa com Liane Young e James Dungan, do Boston College, estudamos os efeitos da lealdade em pessoas usando o Amazon's Mechanical Turk, um *marketplace* on-line no qual os usuários ganham dinheiro para concluir tarefas. No início do estudo, pedimos a alguns participantes que escrevessem um texto sobre lealdade e outros que escrevessem sobre justiça. Mais tarde, cada um deles foi exposto a um trabalho ruim feito por outra pessoa. Aqueles que haviam recebido o incentivo da lealdade estavam menos dispostos a denunciar o mau desempenho de outro usuário. Esse achado complementa pesquisas que mostram que o suborno é mais comum em países que prezam o coletivismo.[5] O senso de pertencimento ao grupo e a interdependência entre seus membros geralmente levam as pessoas a tolerar o delito. Faz com que elas se sintam menos responsáveis por isso, difundindo a responsabilidade para o coletivo em vez de atribuí-la ao indivíduo.

Em resumo, a empatia por aqueles que pertencem ao círculo imediato da pessoa pode entrar em conflito com a ideia de justiça para todos.

Como frear o excesso de empatia

Esses três problemas parecem incontroláveis, mas, como gestor, você pode fazer várias coisas para atenuá-los em sua organização.

Divida o trabalho

Comece pedindo a cada funcionário que se concentre em um determinado grupo de partes interessadas, em vez de ter empatia por todos. Algumas pessoas podem focar principalmente em clientes, por exemplo, e outras em colegas de trabalho – pense nisso como a criação de forças-tarefa para atender às necessidades de diferentes partes. Isso torna o trabalho de desenvolver relacionamentos e considerar outras perspectivas menos desgastante para os indivíduos. Você também realizará mais no total ao distribuir responsabilidades de "cuidados" com toda a sua equipe ou empresa. Embora a empatia seja finita para qualquer pessoa, ela é menos limitada quando gerenciada entre os funcionários.

Faça com que seja menos sacrificante

Nossa mentalidade pode intensificar ou diminuir a suscetibilidade à sobrecarga de empatia. Por exemplo, exacerbamos o problema da soma zero quando presumimos que nossos próprios interesses e os dos outros são fundamentalmente opostos. (Isso geralmente acontece numa negociação, quando as partes com diferentes posições sobre uma questão estagnam porque estão obcecadas com a lacuna entre elas.) Uma mentalidade antagônica não apenas nos impede de compreender e atender a outra parte, mas também nos faz sentir como se tivéssemos "perdido" quando não conseguimos que as coisas saiam do nosso jeito. Podemos evitar o esgotamento buscando soluções integradoras que sirvam aos interesses de ambas as partes.

Considere este exemplo: uma negociação salarial entre um gestor de RH e um candidato promissor se tornará um cabo de guerra se eles tiverem valores diferentes em mente e se concentrarem apenas no dinheiro. Mas vamos supor que o candidato realmente se preocupe mais com a estabilidade no emprego e que o gestor esteja muito interessado em evitar a rotatividade. Acrescentar a estabilidade no contrato seria uma situação em que os dois sairiam ganhando: um ato empático do gerente que não drenaria sua empatia, como faria a concessão do salário, porque manter os novos contratados está de acordo com seus próprios desejos.

Há uma quantidade limitada de empatia que podemos dispender, mas é possível encontrar formas de economizá-la. Ao fazer perguntas em vez de suposições, você poderá trazer essas soluções à tona.

Dê às pessoas um tempo para descansar

Entender e responder às necessidades, aos interesses e aos desejos de outros seres humanos envolve alguns dos trabalhos mais difíceis de todos. Apesar das alegações de que a empatia vem naturalmente, é preciso esforço mental árduo para entrar na cabeça de outra pessoa – e então reagir com compaixão em vez de indiferença.

Todos nós sabemos que de tempos em tempos as pessoas precisam de um descanso do trabalho técnico e analítico e de tarefas rotineiras como a entrada de dados. O mesmo vale para a empatia. Procure formas de criar pausas para os funcionários. Não basta incentivar projetos autodirecionados que também beneficiem a empresa (e muitas vezes resultam em mais trabalho), como o Google fez com sua política de 20% do tempo para projetos de livre escolha. Incentive os indivíduos a dedicarem tempo para se concentrarem apenas nos próprios interesses. Pesquisas recentes mostram que pessoas que tiram muitos intervalos para si mesmas relatam posteriormente sentir mais empatia pelos outros.[6] Isso pode parecer contraintuitivo, mas, quando se sentem revigoradas, as pessoas são mais capazes de realizar as tarefas exigentes de descobrir o que os outros precisam e reagir de acordo.

Como dar aos funcionários uma folga de pensar e se importar com os outros? Algumas empresas estão comprando câmaras de isolamento, como as células de aprendizagem e bem-estar da Orrb Technologies, para que as pessoas possam literalmente se colocar em uma bolha para relaxar, meditar ou fazer qualquer outra coisa que as ajude a recarregar as energias. Os pilotos de Fórmula 1 da McLaren, por exemplo, usam as células para treinar a concentração. Outras empresas, como a distribuidora de peças elétricas Van Meter, estão fazendo intervenções muito mais simples, como bloquear as contas de e-mail de funcionários quando eles saem de férias, para permitir que se dediquem a si mesmos sem interrupções.

Apesar de suas limitações, a empatia é essencial no trabalho. Portanto, os gestores devem se certificar de que os funcionários a estão investindo com sabedoria.

Quando tentamos ter empatia, geralmente é melhor conversar com as pessoas sobre suas experiências do que imaginar como elas poderiam estar se sentindo, como Nicholas Epley sugere em seu livro *Mindwise*. Um estudo recente confirma isso.[7] Foi perguntado aos participantes se eles achavam que as pessoas cegas eram capazes de trabalhar e viver de forma independente. Mas, antes de responder à pergunta, alguns foram solicitados a realizar tarefas físicas difíceis enquanto usavam uma venda nos olhos. Aqueles que fizeram a simulação da cegueira julgaram que os cegos eram muito menos capazes. Isso porque o exercício os levou a perguntar "Como seria se *eu* fosse cego?" (a resposta é: muito difícil!), em vez de "Como é para um *cego* ser cego?".

Essa descoberta explica por que o uso do simulador Empathy Belly pela Ford, embora bem-intencionado, pode ser equivocado: depois de usá-lo, os engenheiros talvez superestimem ou identifiquem erroneamente as dificuldades enfrentadas pelas motoristas que estão grávidas.

Conversar com as pessoas – perguntar como elas se sentem, o que querem e o que pensam – pode parecer simplista, porém é mais preciso. Também exige menos dos funcionários e de suas organizações, porque envolve coletar informações reais em vez de especular incessantemente. É uma maneira mais inteligente de ter empatia.

ADAM WAYTZ é professor adjunto de administração e organizações na Kellogg School of Management da Universidade Northwestern.

Notas

1. M. Abendroth e J. Flannery, "Predicting the Risk of Compassion Fatigue: A Study of Hospice Nurses", *Journal of Hospice and Palliative Nursing* 8, nº 6 (novembro-dezembro de 2006), pp. 346–356.
2. K. Sung et al., "Relationships between Compassion Fatigue, Burnout, and Turnover Intention in Korean Hospital Nurses", *Jour-*

nal of Korean Academy of Nursing 42, nº 7 (dezembro de 2012), pp. 1.087-1.094.

3. J. Halbesleben et al., "Too Engaged? A Conservation of Resources View of the Relationships between Work Engagement and Work Interference with Family", *Journal of Applied Psychology* 94, nº 6 (novembro de 2009), pp. 1.452-1.465.

4. F. Gino et al., "Self-Serving Altruism? The Lure of Unethical Actions That Benefit Others", *Journal of Economic Behavior & Organization* 93 (setembro de 2013); e F. Gino e L. Pierce, "Dishonesty in the Name of Equity", *Psychological Science* 20, nº 9 (dezembro de 2009), pp. 1.153-1.160.

5. N. Mazar e P. Aggarwal, "Greasing the Palm: Can Collectivism Promote Bribery?", *Psychological Science* 22, nº 7 (junho de 2011), pp. 843-848.

6. G. Boyraz e J. B. Waits, "Reciprocal Associations among Self-Focused Attention, Self-Acceptance, and Empathy: A Two-Wave Panel Study", *Personality and Individual Differences* 74 (2015), pp. 84-89.

7. A. M. Silverman et al., "Stumbling in Their Shoes: Disability Simulations Reduce Judge Capabilities of Disabled People", *Social Psychological & Personality Science* 6, nº 4 (maio de 2015), pp. 464-471.

Publicado originalmente em janeiro-fevereiro de 2016.

10

O que o Dalai Lama ensinou a Daniel Goleman sobre inteligência emocional

Além da empatia

Uma entrevista com Daniel Goleman,
feita por Andrea Ovans

Daniel Goleman conheceu o Dalai Lama duas décadas antes de escrever sobre inteligência emocional pela primeira vez nas páginas da *HBR*. Durante um evento no Amherst College, o líder espiritual budista mencionou ao jovem jornalista de ciência do *The New York Times* que estava interessado em se encontrar com cientistas. Assim começou uma amizade longa e enriquecedora conforme Goleman foi se envolvendo ao longo dos anos na organização de uma série do que ele chama de "diálogos ampliados" entre o Dalai Lama e pesquisadores em campos que vão da ecologia à neurociência.

Nos 30 anos seguintes, enquanto prosseguia com seu próprio trabalho como psicólogo e estudioso de negócios, Goleman passou a ver o Dalai

Lama como um líder altamente incomum. E então ficou compreensivelmente extasiado quando, por ocasião do aniversário de 80 anos de seu amigo, foi convidado a escrever um livro sobre a abordagem compassiva do Dalai Lama para lidar com os problemas mais intratáveis do mundo. Publicado originalmente em junho de 2015, *Uma força para o bem – A visão do Dalai Lama para o nosso mundo*, que se vale tanto do conhecimento de Goleman sobre ciência cognitiva quanto de seu longo relacionamento com o Dalai Lama, é uma exploração da ciência e do poder da compaixão e um chamado para a ação. Curiosa sobre o livro e sobre como as opiniões do Dalai Lama a respeito da compaixão contribuíram para o pensamento de Goleman sobre inteligência emocional, conversei com o psicólogo por telefone. O que se segue são trechos editados de nossa conversa.

HBR: *Vamos começar com algumas definições. O que é compaixão, de acordo com a sua descrição? Soa muito como empatia, um dos principais componentes da inteligência emocional. Existe alguma diferença?*

Goleman: Sim, uma diferença importante. Como escrevi recentemente na *HBR*, três tipos de empatia são importantes para a inteligência emocional: *empatia cognitiva* – a habilidade de entender o ponto de vista de outra pessoa; *empatia emocional* – a habilidade de sentir o que o outro sente; e o *interesse empático* – a habilidade de perceber o que o outro quer de você (veja o primeiro artigo, "O que é empatia?"). Cultivar todos os três tipos de empatia, que se originam em diferentes partes do cérebro, é essencial para construir relações sociais.

Mas a compaixão leva a empatia um passo adiante. Quando você sente compaixão, sente angústia quando testemunha outra pessoa sofrendo – e, por causa disso, quer ajudar essa pessoa.

Por que estabelecer essa distinção?

Em termos simples, a compaixão faz a diferença entre entender e se importar. É o tipo de amor que um pai tem pelo filho. Cultivá-la mais amplamente significa estendê-la às outras pessoas em nossa vida e àqueles que encontramos pelo caminho. Acredito que, no ambiente de trabalho, essa atitude tem um efeito altamente positivo, seja em como nos relacionamos com nossos colegas, em como lideramos ou em como nos relacionamos com clientes e consumidores. Uma disposição positiva em relação a outra pessoa cria o tipo de ressonância que gera confiança e lealdade, tornando as interações harmoniosas. E o oposto disso – quando você não faz nada para mostrar que se importa – gera desconfiança e desarmonia, provocando enorme disfunção em casa e no trabalho.

Quando você coloca dessa forma, é difícil discordar de que, se você tratar bem as pessoas, as coisas ficarão melhores do que se você não o fizer, e de que, se você se importar com as pessoas, elas se importarão muito mais com você. Então por que acha que isso não acontece naturalmente? É algo cultural? Ou uma confusão equivocada sobre quando a competição é apropriada?

Acho que muitas vezes há uma confusão no pensamento das pessoas no sentido de que, se eu for legal com o outro ou se me importar com seus interesses, isso significa que não me importo com meus próprios interesses. O desvio patológico disso é: "Bem, só me importo comigo e não com os outros." E esse, obviamente, é o tipo de atitude que leva a muitos problemas no mundo dos negócios e na vida pessoal. Mas a compaixão também inclui você mesmo. Se nos protegemos e nos certificamos de que estamos bem – e também nos certificamos de que a outra pessoa esteja bem –, criamos uma estrutura diferente para trabalhar e cooperar com outras pessoas.

Você poderia me dar um exemplo de como isso pode funcionar no mundo dos negócios?

Há uma pesquisa feita com vendedores e gestores de clientes que descobriu que o nível mais baixo de desempenho estava em uma atitude do tipo "Vou obter o melhor negócio que posso agora e não me importa como isso afeta a outra pessoa", o que significa que talvez você faça a venda, mas perderá o relacionamento. No topo, porém, os grandes vendedores eram caracterizados pela atitude de "Estou trabalhando para o cliente e para mim mesmo. Vou ser bastante direto com ele e vou agir como seu conselheiro. Se a proposta que eu tiver não for o melhor negócio que ele pode conseguir, vou avisá-lo, porque isso vai fortalecer o relacionamento, mesmo que eu perca essa venda específica". Acho que isso deixa clara a diferença entre a atitude "Primeiro eu" e a atitude "Vamos todos nos sair bem" a que estou me referindo.

Como podemos cultivar a compaixão quando não a sentimos?

Os neurocientistas vêm estudando a compaixão, e universidades como da Califórnia em Berkeley e de Wisconsin em Madison, assim como Stanford e Yale, entre outras, estão testando metodologias para aumentar a compaixão. Neste momento há uma tendência de incorporar a atenção plena ao local de trabalho, e há dados do Instituto Max Planck mostrando que o aumento da atenção plena tem um efeito na função cerebral, mas que o circuito afetado não é o circuito para preocupação ou compaixão. Em outras palavras, não há impulso automático na compaixão vindo apenas da atenção plena.

Ainda assim, nos métodos tradicionais de meditação em que se baseiam a atenção plena no local de trabalho, as duas estavam sempre ligadas, de modo que, se você praticasse a atenção plena em um contexto, também cultivaria a compaixão.

Stanford, por exemplo, desenvolveu um programa que incorpora versões secularizadas de métodos que vieram originalmente de práticas religiosas. Envolve uma meditação na qual você cultiva uma atitude de bondade amorosa, de preocupação ou de compaixão pelas pessoas. Primeiro você faz isso por si mesmo, depois por pessoas que ama, então por pessoas que você apenas conhece. Por fim, faz para todos. E esse processo tem o efeito de preparar o circuito responsável pela compaixão dentro do cérebro, de modo que você esteja mais inclinado a agir dessa maneira quando a oportunidade surgir.

Você mencionou que o Dalai Lama é um líder muito peculiar. Existe algo que, como líderes, podemos aprender com sua forma única de liderança?

Ao observá-lo ao longo dos anos, ao escrever o livro para o qual o entrevistei extensivamente e, claro, estando imerso na literatura sobre liderança, três coisas me impressionaram.

A primeira é que ele não está comprometido com nenhuma organização. Ele não está em nenhum negócio. Não é um líder de partido. Ele é um cidadão do mundo. E isso o libertou para abordar os maiores problemas que enfrentamos. Acredito que, na medida em que um líder é comprometido com determinada organização ou determinado resultado, isso cria uma espécie de visão deturpada do que é possível e do que é importante. O foco se reduz aos números do próximo trimestre ou à próxima eleição. Ele está bem além disso. O Dalai Lama pensa em termos de gerações e do que é melhor para a humanidade como um todo. Como sua visão é muito abrangente, ele pode abordar os maiores desafios, em vez de desafios pequenos, estreitamente definidos.

Então acho que há uma lição aqui para todos nós, que é nos perguntarmos se há algo que limita nossa visão – que limita nossa capacidade de nos importarmos. E se existe alguma forma de ampliá-la.

A segunda coisa que me impressionou é que ele recolhe informações de todos os lugares. Ele se encontra com chefes de Estado e com mendigos. Recebe informações de pessoas em todos os níveis da sociedade, em todo o mundo. Ao ampliar sua rede dessa forma, ele se torna capaz de entender as situações de uma maneira muito profunda, de analisá-las sob vários aspectos diferentes e encontrar soluções que não são limitadas por ninguém. Acho que é outra lição que os líderes podem tirar dele.

A terceira coisa seria o escopo de sua compaixão, que acho que é um ideal pelo qual poderíamos aspirar. É ilimitado. Ele parece se importar com todo mundo e com o mundo em geral.

Você disse que seu livro é um chamado à ação. O que espera que as pessoas façam depois de lê-lo?

O livro é um chamado à ação, mas é um chamado bem fundamentado. O Dalai Lama acredita em fazer uma análise profunda dos problemas e deixar que as soluções provenham dessa análise. E ele também é apaixonado por pessoas que agem agora. Não adianta se sentir passivo, desamparado, perguntar "Qual é o objetivo? Não vou viver para ver o benefício", mas, em vez disso, fazer com que as mudanças se iniciem agora, mesmo que não sejam concretizadas até as gerações futuras.

Então, minha esperança, e a dele, é ajudar as pessoas a entender o que podem fazer diante de problemas tão vastos: criar uma economia mais inclusiva; tornar o trabalho significativo; fazer o bem e não apenas viver bem; varrer da sociedade a injustiça e a corrupção, seja nos negócios, na política ou na religião; ajudar o meio ambiente a se recuperar; ter a esperança de que um dia o conflito seja resolvido pelo diálogo e não pela guerra.

São problemas muito grandes. Mas todos podem fazer algo para conduzir as situações na direção certa, mesmo que seja apenas se aproximar e ser amigável com alguém que pertence a outro grupo. Isso realmente tem um resultado final muito poderoso: se dois grupos em algum lugar do mundo têm profunda inimizade um pelo outro, e ainda assim algumas pessoas em cada grupo gostam umas das outras porque tiveram contato pessoal, elas têm um amigo nesse outro grupo. Então, algo tão simples quanto cruzar uma linha divisória é, na verdade, uma ação profunda. Em cada uma dessas áreas, com qualquer influência ou alavancagem que possamos ter, o objetivo é usá-la, não apenas ficar de fora e recuar.

DANIEL GOLEMAN é codiretor do Consórcio para Pesquisa sobre Inteligência Emocional em Organizações na Universidade Rutgers, coautor de *O poder da inteligência emocional – Como liderar com sensibilidade e eficiência* (Objetiva) e autor de *O cérebro e a inteligência emocional – Novas perspectivas*; *Foco – A atenção e seu papel fundamental para o sucesso*; *Liderança – A inteligência emocional na formação do líder de sucesso* (Objetiva); *A arte da meditação* (Sextante), entre outros livros.

ANDREA OVANS é ex-editora sênior da *Harvard Business Review*.

Adaptado da publicação de 4 de maio de 2015.

CONHEÇA OUTROS LIVROS DA COLEÇÃO INTELIGÊNCIA EMOCIONAL

Mindfulness

O mindfulness, ou atenção plena, é estudado há décadas em importantes centros de pesquisa e vem ganhando cada vez mais espaço em empresas e programas de liderança.

Seus benefícios incluem mais criatividade, melhor desempenho profissional e autoconsciência mais profunda, além de serenidade para lidar com conflitos e imprevistos.

Este livro oferece passos práticos para que você se sinta mais presente em sua rotina profissional e demonstra por que o mindfulness realmente funciona, tratando de temas como:
- Agilidade emocional
- Mindfulness para pessoas ocupadas demais para meditar
- Como o mindfulness pode mudar o seu cérebro

Felicidade

Qual é a verdadeira natureza da felicidade e como podemos alcançá-la na vida profissional? Vale mesmo a pena persegui-la a todo custo?

Antigamente, acreditava-se que os sentimentos não tinham importância no trabalho. Hoje sabemos, com base em pesquisas, como as emoções influenciam a criatividade e a tomada de decisões. Pessoas felizes tendem a trabalhar melhor e a desenvolver relacionamentos mais saudáveis com os colegas.

Este livro apresenta princípios de gestão que constroem a felicidade no ambiente profissional e mostra como derrubar os mitos que impedem você de ser feliz em sua carreira, trazendo assuntos como:

- As pesquisas que ignoramos sobre felicidade no trabalho
- Como gerar um desempenho sustentável
- A ciência por trás do sorriso

CONHEÇA OUTROS LIVROS DA HARVARD BUSINESS REVIEW

COLEÇÃO 10 LEITURAS ESSENCIAIS

Desafios da gestão

Selecionados pela *Harvard Business Review*, os 10 artigos desta edição apresentam com objetividade e clareza os conceitos fundamentais para entender o mundo dos negócios e, sobretudo, gerar transformações significativas e os melhores resultados.

Você irá beber na fonte e aprender com Michael Porter sobre vantagem competitiva, com Daniel Goleman sobre inteligência emocional, com Peter F. Drucker sobre como gerenciar a própria carreira, com Theodore Levitt sobre marketing e com Clayton M. Christensen sobre inovação disruptiva.

Gerenciando pessoas

Mais que um chefe, seja o líder de que seus funcionários precisam.

Gerenciar pessoas é uma tarefa extremamente desafiadora, mesmo para quem já tem alguma experiência. Este livro vai ajudar você a lidar com esses desafios.

Se você não tiver tempo para ler mais nada sobre como gerenciar pessoas, leia estes 10 artigos. Eles foram selecionados pela *Harvard Business Review* entre centenas de textos publicados para maximizar o desempenho e a satisfação de sua equipe.

Gerenciando a si mesmo

Que critérios pautarão sua vida?

A pergunta que serve de título para o celebrado texto de Clayton M. Christensen que abre este livro revela a profundidade e a contribuição das ideias que você encontrará aqui. Elas o ajudarão a traçar uma estratégia para sua vida e a investir seu tempo, sua energia e seu talento de acordo com seus objetivos maiores.

Inteligência emocional

Os líderes mais competentes têm um ponto crucial em comum: elevado grau de inteligência emocional. Em seu trabalho definitivo sobre inteligência emocional, Daniel Goleman explica que ela é duas vezes mais importante que as demais habilidades na formação de um líder excepcional. Estes 10 artigos ajudarão você a aprimorar suas habilidades, melhorar os relacionamentos e garantir seu sucesso profissional.

Para novos gerentes

O processo de se tornar líder é uma árdua jornada de aprendizado e autodesenvolvimento contínuos. Desenvolva a mentalidade e a postura ideais para gerenciar pessoas pela primeira vez. Se você acabou de se tornar líder de uma equipe, estes 10 artigos serão de extrema utilidade.

COLEÇÃO UM GUIA ACIMA DA MÉDIA

Apresentações convincentes

Este livro dará a você a confiança e as ferramentas necessárias para vender suas ideias e inspirar as pessoas. Aprenda a calcular o tempo certo de uma palestra sem correr o risco de entediar os participantes, decidir se é ou não necessário usar o PowerPoint e escolher um layout e as melhores imagens para os slides.

A arte de dar feedback

Esta obra fornece conselhos práticos para transformar qualquer conversa sobre desempenho – de atualizações semanais a avaliações anuais – em uma oportunidade de crescimento e desenvolvimento. Não importa se você quer reconhecer um trabalho exemplar ou abordar problemas de comportamento, neste livro você encontra dicas certeiras para promover o melhor da sua equipe.

Negociações eficazes

Este volume apresenta uma abordagem clara e organizada para você encontrar a solução que satisfaça todos os envolvidos. Aprenda a sair de um processo de concessões sucessivas e trabalhar de maneira colaborativa e criativa com a outra parte, construindo acordos e relacionamentos melhores.

Faça o trabalho que precisa ser feito

Nunca teremos tempo para tudo, mas *Faça o trabalho que precisa ser feito* vai ensiná-lo a identificar a tarefa mais importante e concentrar tempo e energia nela, produzindo o melhor resultado para você e sua empresa. Conheça as práticas e os segredos dos maiores nomes da gestão de tempo, como Stephen R. Covey, David Allen e Heidi Grant Halvorson.

Como lidar com a política no trabalho

Pelo bem de sua carreira (e de sua saúde), você precisa saber como lidar com as outras pessoas – inclusive com as mais hostis –, enfrentando os conflitos de forma construtiva sem comprometer seus valores pessoais. *Como lidar com a política no trabalho* reúne dicas valiosas para solucionar as questões de relacionamento mais comuns do dia a dia profissional.

Para saber mais sobre os títulos e autores
da Editora Sextante, visite o nosso site.
Além de informações sobre os próximos lançamentos,
você terá acesso a conteúdos exclusivos
e poderá participar de promoções e sorteios.

sextante.com.br